领导力决定竞争力

许德军 / 编著

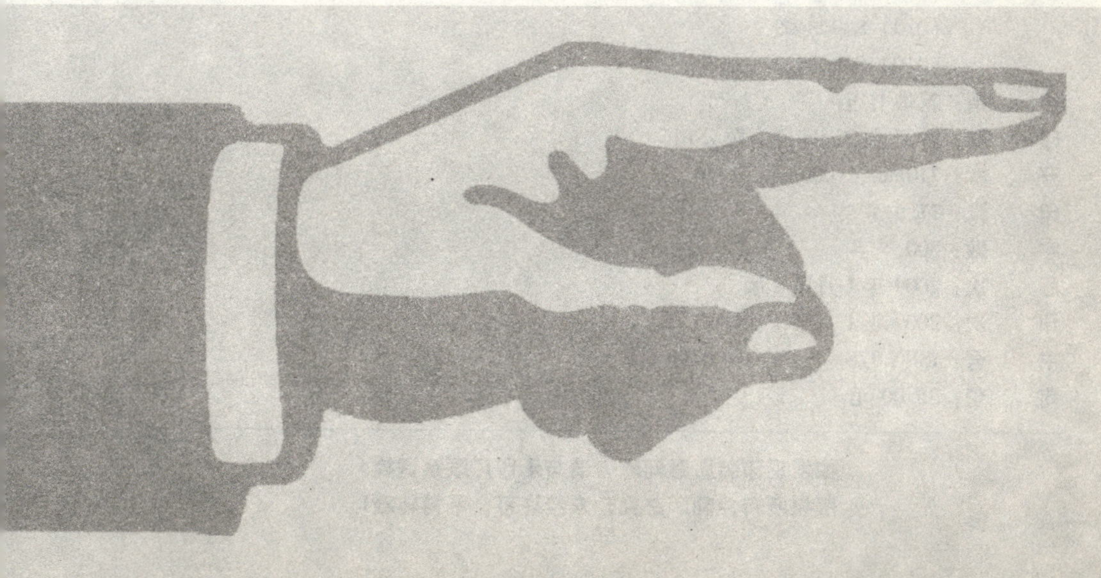

当代世界出版社

图书在版编目（CIP）数据

领导力决定竞争力/许德军编著. -北京：当代世界出版社，2008，10

ISBN 978-7-5090-0399-2

Ⅰ. 领… Ⅱ. 许… Ⅲ. 企业领导学 Ⅳ. F272.91

中国版本图书馆 CIP 数据核字（2008）第 152564 号

书　　名：领导力决定竞争力
出版发行：当代世界出版社
地　　址：北京市复兴路 4 号（100860）
网　　址：http：//www.worldpress.com.cn
编务电话：（010）83908400
发行电话：（010）83908410（传真）
　　　　　（010）83908408
　　　　　（010）83908409
　　　　　（010）83908423（邮购）
经　　销：新华书店
印　　刷：香河县宏润印刷有限公司
开　　本：710mm×1000mm　1/16
印　　张：17.5
字　　数：300 千字
版　　次：2009 年 1 月第 1 版
印　　次：2009 年 1 月第 1 次印刷
书　　号：ISBN 978-7-5090-0399-2
定　　价：35.00 元

前 言

21 世纪是充满竞争的时代，如何使企业的力量发挥到极致，如何领导企业在竞争中突围，如何带领企业从一个胜利走向新的胜利，这是值得每位领导者深思的问题。

在竞争日趋激烈的市场形势面前，几乎所有的领导者都在苦思冥想着一条能够保有企业持续竞争力的道路。但并不是所有领导者都清楚，决定企业竞争力高下的关键就在于领导者自身的领导力。领导力在新的时代凸显了它的重要作用，领导者只有给自己的大脑灌输新的领导理念，形成全新的领导模式，才足以引领企业时刻走在时代的前列。

在大多数情况下，一家企业和它的竞争对手的差别就取决于彼此领导力的高低。如果竞争对手拥有具有强大领导力的领导者，往往就会全面领先于该企业，给那些不重视领导力的企业一个沉重的警告。可以说，失去强大的领导力，也就失去了企业赖以生存和发展的必要条件。领导力决定了企业的竞争力，甚至可以说，领导力就是竞争力，多变、高速与复杂是新经济时代的市场特征，而唯一可以与之应对的就是强大的领导力。

那些在这种大背景下获得成功的公司往往都具备了卓越的领导力，微软、GE、索尼、星巴克……无一不拥有强大的领导力，这使得它们的对手对它们的竞争力望尘莫及。而那些失败的例子则从不同的角度证实了缺失领导力对企业竞争力的消极影响。可见，强大的领导力决定了企业竞争力的高低，也决定了企业在市场中所处的位置。

因此，领导者必须致力于提高自己的领导力，通过修炼个人的素质，提高自己的管理技能来全面提升自己的领导能力，让自己成为强大的领导者，让自己所领导的企业成为强大的市场竞争者。

莎士比亚说过这样一句话："有的人天生就具备成为领导者的潜质，有的人则是通过后天的努力成为领导者。"而大量成功领导者的实例也证实了这点——我们完全可以通过后天的努力成为一名优秀的企业领导者。因此，领导者应该坚信领导力是可以提高的，只要不断修炼，领导力就必然会得到一个质的飞跃。

本书通过了一个个生动的案例和深入浅出的理论，把那些优秀领导者的成功经验与读者一起分享，从这些优秀的领导者的经历中，读者可以直观地感受到领导力对竞争力的决定作用，以及领导力为企业带来的巨大震撼。

在这个充满了竞争的时代，领导力已经成了企业胜负的关键，领导者更是除了不断提升自己的领导力为企业带来质变外，别无选择。

目 录

第一部分 没有领导力，就没有竞争力

一个企业在激烈的竞争中获胜，决定因素有许多方面，但最根本的，最主要的因素是强大的领导力。强大的领导力决定了企业的发展、壮大，引领企业和产品在竞争中前进，带领企业通向更为光明、积极的世界。我们甚至可以说，没有领导力，就没有竞争力。

领导力，是企业从竞争中突围的关键力量，一个拥有强大竞争力的企业必然拥有卓越的领导力，这是时代的必然，更是竞争的需要。

市场经济下的企业竞争，很大程度上就是企业之间领导力的比拼，只有在领导力上压过对手的企业才能在竞争中占据优势，才能打败对手。

第二部分　修炼领导力，提升竞争力
——领导者的个人素质修炼

领导者的个人素质往往决定了领导力的有效与否，决定了企业竞争力的强弱。一个拥有卓越个人素质的领导者往往能凭借自身的个人魅力获得大批的追随者，并带领他们攻克一个又一个难关，创造一个又一个辉煌。因此，领导者必须修炼自身素质，从而提升领导力，增强竞争力。

领导力就是一种获得追随者的能力，是领导者凭借自身的魅力感召追随者的能力。领导者必须具备振臂一呼就能得到响应的能力，只有这样，才能带领企业朝着既定的目标全速前进。

拿破仑认为,创新力可以统治整个世界。领导者必须不断开发自己的创新能力,让创新成为自己在企业管理中的智慧源泉和工作动力,成就一番事业。

洞察力是一种根据不断发展变化的主客观条件,随时调整自己领导行为的能力;也是复杂的现代领导活动对领导者提出的起码要求,更是确保领导者的战略决策能够获得圆满成功的先决条件。

第六章　个人魅力——修炼自己的亲和力 …… 90

亲和力是领导者获得众多追随者的先决条件，也是赢得追随者诚心信赖的源泉。亲和力是领导者不可忽视的一种能力，是确保领导者的命令决策得以贯彻实施的关键。

第三部分　修炼领导力，提升竞争力
——领导者的管理技能修炼

领导力的提升不仅仅体现在领导者个人素质的修炼上，管理技能的提高也同样重要。领导者必须不断修炼自己的管理技能，让自己的领导技能符合现代管理学的要求，为企业做出最契合的战略决策。

激励能力就是领导者通过设计适当的外部奖酬形式和工作环境，以一定的行为规范和惩罚性措施，借助信息沟通，来激发、引导、保持和规范企业成员的行为，以实现有效的组织及其成员个人目标的一种能力。

有效沟通是企业不可或缺的重要环节，对企业的生存和发展起着关键的、决定性的作用。领导者沟通能力的强弱直接关系到企业沟通机制的有效与否，切不可忽视。

领导者是企业权力的化身,权力固然诱人,但为了企业的发展壮大领导者必须学会分权,把权力下放交给有能力的员工。授权是领导艺术的精髓,更是现代管理学的必然要求,只有合理授权才能提高企业的领导力,提升企业的竞争力。

统筹能力通常表现在志愿、意图、计划、行动、力量、效果等各个方面,现代管理学要求领导者必须具备较强的统筹能力,为企业做好规划,带领企业走向成功。

执行力是所有那些实现了跨越的公司获得成功的共同秘诀。对于企业而言,执行力就是将战略决策一步步落到实处的能力。执行力是领导者成功的秘诀,企业的成功更离不开领导者的强大执行力。

领导者应该把人才当作企业中最重要、最宝贵、最稀缺的资源去对待,正如松下幸之助所说"企业最好的资产是人",领导者只有用好了"人"这个资产,才能带领企业无往不胜,获得成功。

领导者要想在多变的市场竞争中立足,必须练就一种非凡的解决能力,根据不断发展变化的主客观条件,随时调整自己的领导行为,在各种突发事件和危机中带领企业走出困境,创造辉煌。

谈判是现代社会合作与竞争的基本方式,领导者的谈判能力是一种智慧的表现,智谋的应用。谈判是一场没有硝烟的战争,领导者一定要提高自己的谈判能力,力争凭借自己的“铁齿铜牙”战胜对手。

Part One

第一部分 没有领导力，就没有竞争力

一个企业在激烈的竞争中获胜，决定因素有许多方面，但最根本的，最主要的因素是强大的领导力。强大的领导力决定了企业的发展、壮大，引领企业和产品在竞争中前进，带领企业通向更为光明、积极的世界。我们甚至可以说，没有领导力，就没有竞争力。

第一章

竞争力，从领导力说起

领导力，是企业从竞争中突围的关键力量，一个拥有强大竞争力的企业必然拥有卓越的领导力，这是时代的必然，更是竞争的需要。

竞争的年代呼唤强大的领导力

卓越的领导力带来竞争优势

领导，企业的灵魂

成功的领导者汇多重角色于一身

修炼领导力，提升竞争力

竞争的年代呼唤强大的领导力

有史以来，人类社会从来没有像今天这样充满了竞争。在过去的五六十年里，社会经济经历了巨大的变革，产品销售市场的萎缩，供应商的不稳定，行业的缩水，政府的额外管制，都促使商业竞争愈演愈烈。在这种大的背景下，任何一个企业或产品若想获得成功，都要经历艰苦卓绝的惨烈竞争，而决定企业或产品能否在市场立足不被淘汰，最重要的因素之一就是企业的领导力。我们不难发现，从上世纪末至今，凡是那些发展的又好又快的企业，凭借的都是高效有力的领导力。正如 IBM 的郭士纳所说："一个成功的企业和领导者应该具备三个基本特征，即明确的业务核心、卓越的执行力以及优秀的领导力。"

那么，什么是领导力？

保罗·迈尔认为领导力的核心在于透过群体的力量，获得一个特定的、有益的成果，其中最关键的就是如何让这个成果更一致，更有效率，更有效果。

如今，薪资高达数百万美元的企业领导者已经并不鲜见，他们在大型跨国公司担任领军人物；在高层政治机关身负要职；在新科技领域的最前沿做着精密的工作……我们的社会从来没有像今天这样迫切渴求高效有力的领导力，究其原因，正是当今这种无处不在的竞争。社会激烈竞争的现状就产生了某种需求——更多高效的领导者引领企业和产品在竞争中前进，带领企业通向更为光明、积极的世界，并开辟出一条成功之路。

现如今，我们在路上随时随地就可以看到一个个样子傻得可爱的大青蛙似的汽车出现在大街小巷，这就是奇瑞 QQ。它一上市就凭借着外型小巧可爱，高配置而低价格的超强性价比迅速被市场认可和接受，成为了汽车市场中最畅销的车型之一。

奇瑞 QQ 所取得的骄人战绩正是因为奇瑞公司所具备的优秀领导力所致。2003 年，QQ 凭借着“年轻人的第一辆车”这个卖点迅速占领了低端市场，在激烈的市场竞争中占据了一席之地，获得了众多消费者的青睐，这一成果如果没有企业领导层的准确市场定位是绝对无法想象的。

奇瑞汽车公司作为中国地方汽车企业，曾经成功推出奇瑞“旗云”、“东方之子”等性价比较高的轿车，并且凭借自主品牌的优势与合理的价格优势向国外出口轿车产品，已经在全国形成了相当的知名度。在此基础上，奇瑞汽车公司的高层又经过认真的市场调研，精心选择了微型轿车的切入口：新产品不同于一般的微型客车，而是微型客车的尺寸，轿车的配置。正是这种“低价高配”的理念使 QQ 微型轿车在 2003 年 5 月一经推出就获得了良好的市场反映，到 2003 年 12 月，已经售出 28000 多台，创造了单一品牌微型轿车最高销售记录，同时获得国内汽车行业多个奖项。

奇瑞公司的管理层将 QQ 的目标客户主要定位为收入并不高但有知

识有品位的年轻人，同时也兼顾有一定事业基础，心态年轻、追求时尚的中年人。一般大学毕业二三年的都市白领，月均收入达到2000元即可轻松拥有这款外形靓丽，高配置和优性价比的时尚轿车，这超低的门槛也就成了吸引客户的又一个杀手锏。

同时，为了吸引年轻人，奇瑞QQ除了一般轿车应有的配置以外，还装载了独有的“I-say”数码听系统，使QQ成了“会说话的QQ”，这一创举堪称目前小型车时尚配置之最。“I-say”数码听也是奇瑞公司为用户专门开发的一款车载数码装备，集文本朗读、MP3播放、U盘存储多种时尚功能于一身，可以通过与电脑和互联网的联接增加QQ的可玩性，迎合了离开网络就像鱼儿离开水的年轻一代的切实需求。

奇瑞公司的领导层把QQ定位为“年轻人的第一辆车”是非常适合的，由于“奇瑞QQ”的目标客户群体比较年轻，他们对新生事物充满了兴趣，富于想象力，思维活跃，又崇尚个性，追求时尚，QQ个性化的外观和功能正契合了他们在这方面的需求；同时，由于资金的原因他们也比较追求实际，对品牌的忠诚度较低，更关注汽车的性价比，而QQ高配置，优性价比的特性正满足了他们这方面的需求。这一准确的市场定位使QQ一经推出就迅速占领了市场，在激烈的竞争中脱颖而出。

奇瑞公司的领导层还根据目标消费群体的特征推出了与之相符的QQ的营销策略：在产品名称方面，QQ在网络语言中有“我找到你”之意，“奇瑞QQ”突破了传统品牌名称非洋即古的窠臼，充满时代感的张力与亲和力，同时又简洁明快，朗朗上口，富有冲击力；在品牌个性方面，这款车更被赋予了“时尚、价值、自我”的个性，将消费群体的心理情感注入品牌内涵，富有判断性的广告标语及“秀我本色”

等流行时尚语言配合创意的广告形象，将追求自我、张扬个性的目标消费群体的心理感受描绘得淋漓尽致，这样，与目标消费群体便容易产生情感共鸣，也获得了大众的认可。

QQ 作为一个崭新的品牌，在投入市场后还进行了立体化的整合传播，以大型互动活动为主线，具体的活动包括 QQ 价格网络竞猜、QQ 秀个性装饰大赛、QQ 网络 FLASH 大赛等，为“QQ”的销售大造声势。同时，公司选择目标群体关注的报刊、电视、网络等媒体以及户外、活动等，将 QQ 的品牌形象、品牌诉求等信息迅速传达给目标消费群体和广大受众。各种活动“点”与“面”结合：从新闻发布会到传媒的评选活动，形成全国市场的互动，并为市场形成了良好的营销氛围。在所有的营销传播活动中，特别是网络大赛、动画和室内装饰大赛，都让目标消费群体参与进来，在体验之中将品牌潜移默化地融入消费群体的内心，收到了良好的营销效果。

可以说，QQ 的成功和奇瑞公司高层的领导力是密不可分的，在激烈的市场竞争中，在产品同质化严重的今天，一个有着卓越领导力的企业就会推行一种行之有效的战略，为产品创造出一个契合的营销方案，更迎合市场和消费者的需求，从而获得市场的认可，迅速占领市场，并成为消费者的首选。

在如今这个充满了竞争的年代，任何企业或产品要想获得生存和发展，缺少了优秀的领导力都是无法想象的。只有强大的领导力才能带领企业在竞争中突围，在市场中立足。

卓越的领导力带来竞争优势

在如今这种激烈的市场竞争中企业之所以呼唤强大的领导力，其根源就在于卓越的领导力可以带来一种可持续的竞争优势，可以为企业迎来更多的客户，卖出更多的产品，并为投资者赢取足够丰厚的投资回报。

正因此，许多企业面对重大竞争问题经常采取的一种矫治对策就是通过更换领导来建立更为强大的领导力，以此来换取企业的竞争优势。2002 年的一家电话电讯公司 Qwest Communications International Inc. 一直面临财政危机和联邦政府的审计调查，于是董事会迫使 CEO 约瑟夫·纳齐奥（Joseph Nacchio）辞职，其接班人理查德·诺特巴特（Richard C. Notebaert）一经接任后，就使贬值的公司股票上涨了 20%。主要原因就是诺特巴特在担任 Tellabs——一家制造网络设备的公司的 CEO 时表现出了强大的领导力。

可见，卓越的领导力在企业的发展和壮大中发挥着至关重要的作用，我们可以通过玛莎·斯图尔特公司的实例来说明这个问题。

“玛莎·斯图尔特”是一个非常知名的品牌，同时也是一个优雅生活的同义词。玛莎·斯图尔特是一位著名的企业家，一位商业领袖，作为 Martha Stewart Living Omnimedia 公司的创始人和 CEO，斯图尔特有一个非常简洁的公司使命：“我们是家居业的领导权威。”

在 1999 年公司股票上市后的一年多里，斯图尔特不断拓展公司业务，不仅做园艺和厨艺，还包括一些电视专题节目。公司最成功的尝试之一就是导入“玛莎·斯图尔特每日厨艺”，一个家居用品品牌，并在Kmart超市销售700多种从厨具到餐具的各种产品。

玛莎·斯图尔特掌握了通过多种媒体演绎信息的方法。她在杂志中介绍的万圣节用品的资料，重复出现在她的电视表演、网站和企业专栏上。“这种策略使她不必依赖一种媒体，”一位分析师说：“这为其他公司树立了榜样。”

企业的成功和玛莎·斯图尔特本人是密不可分的，她从小就生长在一个商人家庭中，10岁就开始组织邻居办晚会来赚零花钱；十几岁时做服装模特，大学时在Barnard学院主修艺术史；毕业后，在华尔街做股票交易员，并在这期间通过对一些公司的研究提出了一些投资想法，并将其抛售给别人。这个过程让她了解到什么才能真正促成一个优秀的企业，什么是一个好的投资，什么能带来大把的金钱。此后，她开始了自己的生意。

Martha Stewart Living Omnimedia公司成功的关键就在于玛莎·斯图尔特本人所推出的好主张，再加上公司的研究，在尽可能多的不同的平台上运用知识信息。一个例证就是收集信息，把信息撰写成杂志文章，然后再转换制作成电视节目，或是放到CBS（哥伦比亚广播公司）的早间电视节目上并修饰和拓展这些信息。杂志文章可以解释如何种树，电视节目则可以解释如何从树上收获果实，这一切都是以同样的研究为基础的。

同时，玛莎·斯图尔特也利用本人的影响扩大了公司品牌的影响。当被问及她是否认为品牌超越了她个人，以及她的前瞻力如何影响了品牌时，斯图尔特回答：“我不十分清楚。我还活着，而且活得很好，有朝气且精力充沛。我想我的角色榜样是迪斯尼。很少有哪些品牌真正是由一个人开始，又以这个人的名字不断传承下去。雅诗兰黛（Estee Lauder）显然生存得不错，尽管Laudel女士已离开经营15年。我也希望达到同样的境界和同样的高品质。”

同时，斯图尔特的个人风格和人际交往方式也影响了公司的经营，许多在她身边工作的人认为，她对生意的每个方面的细节的执著——甚至一个咖啡壶的质量——对于她的生意的成功至关重要。斯图尔特的追随者也确信，正是她有说服力的人格鼓舞了他们，而她的团队成员们也因此得到慷慨的回报。

后来，斯图尔特虽然因为内部交易的指控而使自己陷入尴尬的境地，放弃了她在纽约股票交易所董事会的荣誉席位。然而，她的企业帝国仍运作得很好，只是股票价格有所下跌。即使斯图尔特不再担任公司的CEO，她仍然能够在公司中扮演创造者的角色。

从玛莎·斯图尔特的经历中就能看出一个卓越的领导者在推动企业的发展和前进的路上所发挥的作用。通过对来自131家《财富》500强企业的高级经理完成的210份调查分析显示，这些企业的高级经理认为：充满魅力和强势的领导和企业的绩效有轻度的正相关；当环境具有不确定性的时候，这个关系便变得更为密切，在不确定的情况下，这些领导能影响公司的财务表现。

在当今这种竞争空前的环境下，企业比以往任何时候都更需要更高层次的领导以获得生存和繁荣。企业面临着诸如日益加剧的竞争、技术革新、不断变化的政府干预，以及不断变化的员工态度等等挑战，而一个卓越的领导者可以有效将这些负面影响降低到最小。

卓越的领导力可以带来最充分发挥企业的独特优势的力量，最大程度地完善产品的行销结构和环节，整合内部和外部资源，拉开与竞争对手的距离，确立公司的领跑者地位，持续扩张品牌的影响力，提高客户的忠诚度，甚至进一步创造需求等竞争优势。当然，这些优势的获得并不是某个人或几个人就能创造的，在卓越的领导力背后，还需要整个企业所有部门的密切配合和有效执行，但归根结底，没有一个强大的领导力是根本无法获得的。

领导，企业的灵魂

每位企业领导所探求的和企业所探求的目标从根本上来讲是一致的，即如何使企业的力量发挥到极致。在实现这个目标的过程中，企业所展现的特质在某种程度上正是企业领导者个人特质的体现。

靠观念致富的英雄“微软”，既不“微”也不“软”，它凭借硬梆梆的股票市值，让人们看到了信息网络时代的神话。微软公司上市之后，市值也超越了波音、IBM，以及三大汽车公司市值总和，直至突破5000亿大关超越通用电器（GE），成为全球市场价值最高的公司，年营业额超过世界前五十名软件企业中其他49家的总和，即使在被司法部和19州围追堵截的情况下，仍被评为“最受尊崇的公司”。

微软的成功在很大程度上应该归功于比尔·盖茨个人的成功。盖茨当年白手起家，创立了微软公司，在31岁时成为有史以来最年轻的亿万富翁，37岁时成为美国首富并获得国家科技奖章，39岁时身价一举超越华尔街股市大亨沃伦·巴菲特成为世界首富；同年，以一票之差击败通用电器的杰克·韦尔奇，被《工业周刊》评选为“最受尊敬的

CEO”；盖茨被誉为电脑奇才、20 世纪最伟大的计算机软件行业巨人；被《时代》周刊评为在数字技术领域影响重大的 50 人之一。

比尔·盖茨和微软，创造了 20 世纪最美丽的神话，吹响了信息经济时代最嘹亮的号角。他的成功不是靠幸运取得的，微软也不是建立在偶然基础上的软件帝国。盖茨不仅是个电脑天才，更是一个经营和管理的天才，他坚持雇用顶尖的人员做事，以全公司的前途做赌注，鼓励员工正视失败并不断向成功挑战。正是比尔·盖茨本人的远见卓识——发现了一条与时代紧密接轨的新型道路，并引领微软在这条道路上不断前进，大胆创新，把握机遇，壮大规模，铸造了 IT 历史上的一大奇迹与辉煌。

微软公司最让人称颂的一点就是它的创新精神。比尔·盖茨有一句名言：“我的企业离破产只有 12 个月。”这就是告诫他的全体员工，如果企业无法不断地创新进步，也许一年后就不复存在了。因此，只有依靠不断地创新进步，企业才能不断发展并取得成功。

微软总部的建设很像一座大学，那里没有高楼大厦，30 多座建筑都建得比较低。总部的每一位员工都有一间相对封闭的办公室，无论是开发人员、市场人员、还是管理人员都可以保持个人的独立性。这种工作环境体现着微软崇尚高度独立的企业文化，且能做到对员工的挑战和考验。公司的每一座办公地点都有 X 型的双翼和各种各样的棱角，员工可以通过办公室的窗户很好地欣赏附近的风景，但也只有聪明人可以在这复杂的过道中找准自己通过的路线。在这种氛围中，让人始终保持着学习向上的意识，独立性又鼓励人们始终要拿出自己的东西。于是，微软也在这种氛围中坚持着始终如一的创新精神。

微软人始终把自己作为市场的开拓者——创造或进入一个潜在的大

规模市场，然后不断改进一种成为市场标准的好产品。于是微软公司不断进行渐进的产品革新，并不时创造重大突破，在公司内部形成了一种不断的新陈代谢的机制，使竞争对手很少有机会能对微软构成威胁。其不断改进新产品，定期淘汰旧产品的机制，始终使公司产品成为或不断成为行业标准，创新贯穿了微软经营的全过程。

但是，创新如果没有一个胸怀宽广，有远见卓识的领导人，恐怕这种“容许独轮车”的创新机制早已荡然无存。因为创新就意味着改革，就意味着挑战过去，挑战权威。如果不是比尔·盖茨本身就是一位创造奇才，一位英明的领导者，那这一切是根本无法实现的。

比尔·盖茨给人的印象极其随和，他身上绝没有大公司总裁常有的威严外貌和高高在上的作风。他经常顶着一头好像从来不梳理似的蓬乱的短发，带着高度近视的眼镜，他几乎从来不曾衣冠楚楚，穿得像模像样。当然他也有十分严厉的时候，但他却决不会因别人冒犯他而记恨在心。相反，他很尊重那些敢于反对他，冒犯他的人。哪怕是对那些有可能对他形成威胁的人，他也有自己的容人雅量，这也正是微软得以不断发展的秘诀之一——使有才能的人有一种“士为知己者死”的冲动。

可以说，至今为止微软的成功和盖茨个人的管理风格是密不可分的，他个人的大将风范使其形成了一种独特的人格魅力，同时这种人格魅力也越来越被植入于微软公司的管理机制之中，吸引了越来越多的有才之士，为微软的发展奠定了基础。

一位卓越的领导者为企业所带来的不仅是某种管理经验或是理念，而是一种精神，一种风范，是企业真正的灵魂所在。

成功的领导者汇多重角色于一身

成功的领导者往往集多重角色于一身，并在不同的场合表现出恰当的角色，领导企业走向正确的方向。企业的领导活动是一种复杂的活动，领导角色指的就是一套针对有关工作所被期望的活动或行为序列。

亨利·明茨伯格等人经过研究鉴别出了领导者的9种不同角色，每一个领导者都或多或少，或主动或被动地实践着他们的这种观点，并在企业中扮演着不同的角色。这9种不同的领导角色，可以被归类为管理的领导功能。主要包括：

（1）象征性的领袖（figurehead）

领导者，特别是企业的高层管理者，其部分时间是在扮演象征性领袖的角色，负责出席企业的各种仪式性活动，作为企业的代表代行各种行为。

具体来说，下面四类具体的行为符合领导者的象征性领袖的角色：

①作为企业的正式代表接待客户

②作为企业的代表接受外部的采访

③作为企业的代表在企业外部的集会上服务于企业

④陪同官方来访者

（2）官方发言人（spokesperson）

这类角色所强调的行为主要为回复各种信函或质疑，并向管理层的直接组织以外的个体和群体做出正式报告。作为企业的官方发言人，要时刻向这五类人通报企业的活动、计划、能力和各种可能性（愿景）：

①上层管理者

②委托人或客户

③其他重要的外部机构，如工会

④行业团体

⑤一般社会公众

（3）谈判者（negotiator）

这几乎是所有领导者所具备的一个角色，具体而言有三类谈判行为：

①与上级就资金、设施、设备或其他形式的支持进行交涉

②与企业中的其他机构就员工、设施、设备的使用或其他形式的支持进行交涉

③与供货商和分销商就服务、时间、交付细节进行交涉

（4）教练与激励者（coach and motivator）

高效的领导者往往用很多的时间辅导和激励团队成员，以达到发展企业的目的。具体有以下四个方面的行为：

①非正式地表彰团队成员的成就

②向团队成员提供有关不良绩效的反馈

③确保团队成员知晓提高自身绩效的方法和步骤

④采取激励措施以鼓励和维系良好的绩效表现

（5）团队建造者（team builder）

构建一个高效团结的团队是强大领导力的要求，实现这一目标需要领导者以下三方面的具体行为：

①确保团队成员的业绩得到及时表彰

②倡导各种促进团队士气的活动

③定期举行员工会议，了解团队成员的想法和困难

(6) 团队参与者（team player）

领导者不仅要构建团队，同时还是团队中的重要成员，要参与团队中的各种活动。具体有下面三种行为：

①展示个人应得的成果

②和企业中的其他部门合作

③通过完全支持上级的计划和决定而表现对上级的忠诚

(7) 技术问题的解决者（technical problem solver）

领导者不仅是企业的管理者、组织者，同时也应是专业问题上的解决者，完成这一角色包括两类活动：

①作为技术专家或顾问提供咨询、解决服务

②常规性地完成具有个体性贡献的任务

(8) 创造者（entrepreneur）

领导者在企业中还肩负着提出创新的建议或推动企业的经营的角色，这种领导者角色包括三方面的活动：

①阅读贸易出版物和专业期刊，从而时刻了解行业和专业领域的最新发展

②和客户或企业中的其他人交流，以便了解不断变化发展的需要和要求

③随时把握外部环境，从中了解可以促进本单位业绩的信息

(9) 战略策划者（strategic planner）

高层领导者还要参与企业的战略规划，肩负执行战略规划的角色，实行战略性领导。涉及这一角色的具体活动包括：

①为企业设定发展愿景和方向

②帮助企业应对外部环境的变动

③协助开发企业战略政策

各种领导角色的一个共同特性就是，管理中的领导者必须以特定的方式激励或影响他人，以达到企业发展前进的目的。企业领导者的角色实际上就是要释放企业成员的精神热情以促成其主动性、创造性和创业精神，来实现企业的发展壮大。

任何一个成功的领导者都是集上述多重角色于一身的，并在不同的场合扮演适当的角色发挥不同的作用。任何一个成功的企业领导身上都汇集了几种或者全部的角色特征，其行之有效的价值观、信念及行为规范，注重承诺、责任心，强调结果导向；重视策略的制定，更重视策略的执行，充满激情地参与到企业的建设当中，都为企业的发展提供了有力的支持。

修炼领导力，提升竞争力

就像技术要进步，企业要发展一样，领导力也需要不断地提高，以适应竞争的需要。领导力是一种能力，它能激发企业成员的信心，赢得他们的支持，来实现企业的目标。在如今高度竞争的年代，企业呼唤强势的领导力来带领企业在竞争中脱颖而出，因此，领导者只有不断修炼自身的领导力才能提升企业的竞争力，使企业立于不败之地，并在此基础上不断发展前进。

领导事实上是一种领导者和群体之间的长期的联结和伙伴关系，领导过程就是一个管理者工作的重要组成部分，涉及了变革、鼓舞、激励和影响等种种职责。领导并不是以抽象的方式独立存在的，而是涉及到一系列和领导者、被领导者或是人群、环境中的各种力量等相关的因素。一个充满了人格魅力，富有愿景的领导者正是一个深处竞争中的企业所需要的，他可以带领它成就世界级的成功。

领导者在企业的管理中会面临种种两难的困境。诸如广泛授权还是事必躬亲，合作还是竞争，信任还是变革，精简还是集权，收入增长还是成本控制等等，任何一个领导者在面临这些问题时都应该通过不断修炼自己的领导力来提升自身以及整个企业的竞争力。

接任杰克·韦尔奇成为通用电气公司的董事长和CEO的杰弗里·伊梅尔特在就任之初就面临着许多困难，首先，他很难超越像杰克·韦尔奇这样强大的领导者，此外，伊梅尔特接任的大背景是股市熊市开始以及“9. 11”袭击加剧了全球经济放缓，而且，拟议中的GE购并霍尼威尔的计划流产，环境保护署也正迫使GE解决因为向哈德逊河倾倒PCBS而产生的问题。

尽管如此，伊梅尔特仍然带着自信声称：“无论相信与否，从操作上来说我清楚如何做好这个工作。”他确信公司内部的人都已经准备好接受这个交接，因为他已经在先前GE的领导工作中建立了优秀的声誉。他在GE已经有20年的经历，在接任前担任GE医疗系统的总裁和CEO。他接受的教育是哈佛的MBA，他主修应用数学和经济学两门学科，成立兄弟会并任主席，并在橄榄球队里做攻击型拦球手。他深信这些经历都对他的领导力有决定性的影响。

为了带领GE继续前进，伊梅尔特第一个战略改革是加速将GE由一个低利润的制造商转变为利润更丰厚的服务性公司，推销问题解决的能力而不仅是销售耐用商品。他想要加速GE的改革步伐，他认为GE

是一些较小的、有充分发展空间的公司的组合。“我并不感到因规模而负重难行。在GE，一个好主意价值10亿美元，而不是100万美元”。

此外，伊梅尔特还运用数字化的力量来减少管理成本，同时，他还希望通过进一步加大运用在线拍卖的方式购买零件和供给来减少成本。另外，他所做的一项改革是收购更多的公司。伊梅尔特解释道，2002年的股票价格探底使得很容易收购其他公司，因为收购它们的价格很低，他将此解释为一种施展进攻的策略。

伊梅尔特运用了与韦尔奇完全不同的管理风格，他通过取悦员工而不是斥责他们来贯彻指令，伊梅尔特认为他自己是一个非常现实而无情的领导者，但并不会使人难堪。他周围的人注意到，伊梅尔特是一个非常富有激情和竞争性的人。他充满对新观念的热情，也会对绩效不良的运营部门挥舞大斧头。

在伊梅尔特的带领下，GE在全球经济缓慢进步的大形势下仍然迅速发展，并没有出现因为领导层的变更而遭受停滞甚至是毁灭性的打击。伊梅尔特在谈起自己的领导力时说，正是因为在GE电器部的那一段很短的时期里处理过一次上百万的不合格的冰箱压缩机的召回事件，这使他从一个平和少语的人转变为一个经常发表意见的人，那段时期也让他学会了如何作鼓舞人心的演讲，他认为，在艰苦挣扎的经营中能锻炼出令人难以置信的领导技能。

可见，成为一位领导者，并带领企业不断在竞争中获胜，就必须不断修炼自己的领导力，进一步开发自己的领导技能。虽然这是一个漫长且复杂的过程，但更是一个有所回报的过程，每一位领导者都应该不断修炼自己的领导力。管理和领导学大师彼得·德鲁克认为每一位领导者都应该具备以下5种品质，这也是修炼自己的领导力的首要问题。

（1）领导者在做事前会问“必须要做什么?”而不是“我需要做什么?”

（2）领导者接下来会问：“我必须做什么事情才能做出真正的贡献?”最佳的答案是适合领导者的优势和工作的需要。

（3）领导者会不停地问：“我的组织的目的和目标是什么?”以及“什么是可接受的绩效并对现实的状况有所贡献?”

（4）领导者不会想要把自己克隆为许多员工。他们从不会问“我是否喜欢这个员工?”但他们也绝不会容忍糟糕的绩效。

（5）领导者不会惧怕任何拥有他们自己所缺乏的优点的人。

第二章

与竞争对手比领导力

市场经济下的企业竞争，很大程度上就是企业之间领导力的比拼，只有在领导力上压过对手的企业才能在竞争中占据优势，才能打败对手。

没有领导力，就没有竞争力

缺乏领导力是许多企业在竞争中失败的根本原因，为什么有些企业可以在竞争中长盛不衰，有些却昙花一现？答案并不是唯一的，但可以肯定的是，领导力是企业长盛不衰的关键因素中最重要的一个。在大多数情况下，企业和他的竞争对手之间的差别就在于其领导力的不同，一家缺乏领导力的企业必然无法在激励的市场竞争中战胜对手，占据优势。

索尼公司是世界上民用专业视听产品、通讯产品和信息技术等领域的先导之一，它是全球最大的综合娱乐公司之一。索尼公司自创建以来在世界上率先开发出了众多创新的电子产品，为人们提供了丰富多彩的视听享受。但是，如今它正一步步走向泥潭。

在2005年，索尼更换了包括董事长在内的7名董事，其原因就是领导力的缺失，导致公司在竞争中趋于劣势。仅2003年第一季度索尼就亏损了大约10亿美元，这一“索尼震惊”效应使公司股票价格一路狂跌，两天内下跌25%左右。索尼公司电子产品的利润也下降到大约只有1%，与十年前的10%相比减少了很多。

索尼公司的时任董事长出井伸之用“陨石与恐龙灭绝”来比喻所面临的威胁，在他看来 Internet 和宽频技术就是投向索尼的两颗巨大的陨石，打破了索尼原有的技术壁垒。他认为“本来只是督促事业体经常反复自我更新，以求辉煌的企业能够永续经营，但现在却已经蜕变成不加快速度变革，就会被大环境所吞噬的危机。”在面对这种技术变革时，出井伸之虽然借“VAIO”台式机和笔记本电脑，结合索尼原有的影音资源重返个人电脑市场；以及 play station 打造了电玩市场的第一品牌，其触角甚至延伸到电影、音乐、网络等产品，打造了一个崭新的数码王国。但是其应对市场变化的速度缓慢仍然使索尼失去了竞争先机，丧失了技术优势。索尼直到 2004 年 5 月才发布了针对 IPOD 的第一个挑战产品——VAIO pocket，此时已经距苹果公司推出 IPOD 音乐播放器足足有两年半的时间，无论是产品的轰动效应还是市场占有率都已丧失殆尽，难怪有人说：“如此漫长的滞后足以说明：对于索尼这个 58 岁的企业而言，在新的数字时代适应新的竞争对手是多么困难。”

而出井伸之对新的商业模式更是应对乏力，面对戴尔公司和甲骨文公司等在 B2B 领域所从事的商业活动，利用 IT 技术，提升接单、发货速度，改进旧的经营方式出井伸之显得无所适从。虽然他试图以最大的热情“创造先见之明及未来性，以培育领导业界的技术”，但索尼长期采用的是日本传统的经营模式，强调的是照顾企业内部的方方面面，难以推行他所制定的足以适应网络时代的战略改革。导致索尼在这个“旧世界摇摇欲坠，新世界还没有形成轮廓”的虚拟世界中感到迷茫，无法单凭想象力去弥补大部分空白。而出井伸之本人也没有对新形势指出一个明确的方向，拿不出有力的行动，直接导致了在 PC 商们纷纷进入电子产品领地时，索尼却找不到新的结合部。

出井伸之的另一个领导不力的表现就是对新兴市场的忽视，以中国市场为例，索尼公司的反应比起韩国厂商就像日本的国技——相扑一样的慢腾腾。LG 电子 CEO 金双秀就曾毫不讳言地说："LG 和某些日本企业的区别在于，它们可能会把产品中不好的部分转移到中国来销售，但 LG 却是把最优秀的技术和人力投入到中国。"一直以来索尼都更为倚重美欧和本土市场，中国市场被其视为"可以慢几拍"，新产品的上市速度总是远逊于其他市场且售价远高于其他市场，以致一位索尼发烧友抱怨："索尼在中国市场上犯了一个错误，索尼的新产品不是买不到，就是买不起。"这种态度实质上是源于其僵化的经验，但新兴市场增长的势头完全令其大跌眼镜。中国消费电子行业自 1995 年以来一直发展迅猛，年增长率基本为 20%，2003 年数字消费产品销售量增长了 22%，到 2007 年中国的消费电子业销售额已达到 940 亿美元。索尼公司并没有对中国市场给予足够的关注，仍死抱着"高端高价"的教条，而此时三星在中国市场的策略已经转变为"品质与设计与索尼相比各有千秋，却又没那么贵"，其惯用的策略是高价推出新产品，同时迅速用降价后的老产品占领市场。这样做的好处是：既让中国老百姓知道三星是高端品牌，又让其有能力消费其时尚产品，从而使三星立足高端而上下通吃，迅速占领市场。这样一来，索尼自身的技术优势无法显现，其价格更成为自己的一个陷阱，导致了其在中国市场上的溃败。就连索尼的执行副总裁大木充也不得不承认："索尼本来应该采取的年轻化与积极策略，现在却成了三星的主要做法，我们应为此反省。"

这些问题都导致了在多元化过程中索尼模糊了原有的优势形象，技术优势的路线也越来越难以维系，正如索尼的一位管理人员所说："越来越多的厂商都拥有了先进的技术，每当索尼推出一种新的产品，他们很快就能跟上，产品性能上并没有太大差别，索尼能独领市场的时间越来越短。"而面对市场的这种变化，以出井伸之为代表的索尼领导层并没有及时做出应对，没有进行相应的战略调整，而是仍旧沉浸在自己的辉煌中，使自己渐渐在竞争中落后。

2005年3月，日本索尼公司临时董事会任命63岁的索尼（美国）公司董事长霍华德·斯特林格升任总裁，包括有日本"理想企业家"之称的现任董事长出井伸之在内的其他7名董事一起下课。

丧失了有效领导的出井伸之被换帅是一个必然的结局，在竞争日益激烈化的今天，没有优秀的领导力，是无法带领企业获得竞争优势的。任何优秀的企业，其内部都应有一套行之有效的领导价值体系——领导者重视策略的制定，更重视策略的创新、时效，并能充满激情地投入到企业建设中，带领企业共创辉煌。

竞争对手的领导力分析

领导力影响着一个公司的文化和发展，竞争在某种意义上来看就是领导力的竞争。因此，企业若想在竞争中占据优势，深入分析竞争对手的领导力量，做到知己知彼是必不可缺的关键因素。

行业内的竞争对手并非都是有害的，虽然竞争对手确实可能对企业构成威胁，但也可能带来切实的好处，不论是市场的扩宽还是深化，企业都是无法独自实现的。竞争对手是企业的一个挑战，一个好的竞争对手使企业不会满足于现状，固步自封，与这样的对手竞争也可以使企业获得稳固有利的产业均衡而不必陷入旷日持久的冲突。

要打败竞争对手就要了解他，要对其进行深入分析。影响企业竞争力的因素有很多，但最重要的一点就是企业的领导力，领导力是企业的灵魂所在，一个拥有竞争优势的企业必然拥有卓越的领导力。

分析竞争对手的领导力就要从其领导力有效性入手，企业领导力是否有效取决于领导者用何种方式去领导：是命令还是恳求员工工作？是指责还是欣赏创新？是经常说“我知道”还是听取他人的意见？是让员工产生畏惧还是让他们感到亲和力？……

一般来说，以下四个方面决定了企业领导力是否有效：

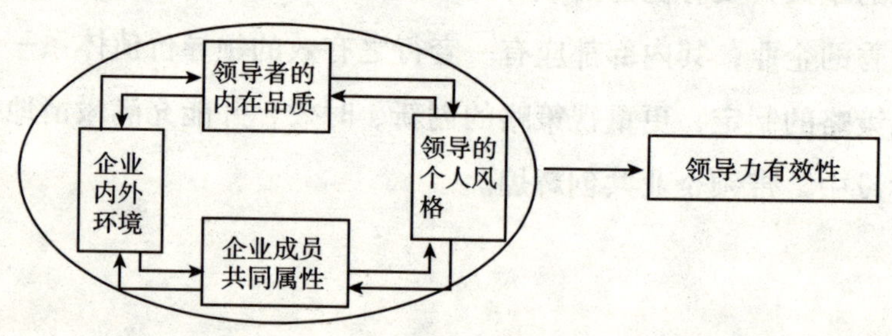

竞争对手领导者的内在品质决定了竞争对手的竞争力，其领导的个人风格，企业成员共同属性以及竞争对手的内外环境都对其领导力有着不可忽视的影响，一个企业竞争力的大小，领导力是否有效就取决于这四个方面的交互作用。

领导者的内在品质指的是领导者的特征和特质，如自信和解决问题的能力，这种内在品质帮助领导者在许多情境中可以有效地进行管理运

作；而领导者的个人风格则是指领导者所参与的管理活动，包括他独特的行为方式，同样影响着领导的有效性；企业成员的共同属性是指企业中全体成员的某些共同属性，影响着领导力的可能效果；企业的内外环境也在客观上影响了领导力的有效性。

这四个影响因素也不是独立存在的，他们是互相影响的，其中最显著的一组联结关系是领导者的内在品质会影响到领导的个人风格，如果一个特定的个体是外向的、温情的、关怀的，他就会自然地采用员工取向的领导风格；而企业成员的共同属性则会影响到领导的个人风格，如果是一个富有活力，自我充实的群体，领导者就往往会采用一种对群体授予充分自由的领导风格，而对领导者而言，授权也是比较容易的。

上述四个影响领导力有效性的四个因素还包括更具体的内容，如领导者的内在品质包含了领导的人格特质，领导的魅力类型，领导的伦理与社会责任，领导的创新能力以及沟通与解决冲突的能力五个方面。而领导的个人风格则涵盖了领导者的行为风格，领导的影响策略以及团队开发与管理能力。

竞争对手的领导力决定了其在市场中的竞争优势，只有认真分析其领导力的有效性与否才能做出有针对性的战略、策略，在竞争中占据优势，进而打败对手，成为市场竞争中的胜利者。

让领导力说话

一个企业在竞争中所处的地位是与其领导力密不可分的，从某种意义上来说，领导力甚至决定了企业发展的步伐和成败，一个优秀的领导者所起的作用绝不仅是礼仪或是把关这类的象征性意义，而是决定着企业的发展方向、经营理念以及管理制度等更重要的东西。

专选择繁华地段开设咖啡连锁店的星巴克，它的成功是惊人的，仅仅15年间，就从一个小作坊变成了在四大洲拥有5000多家连锁店的跨国企业，它的扩张速度甚至让《财富》、《福布斯》等顶级刊物都津津乐道。

星巴克的成功可以说是其老板霍华德·舒尔茨的成功，它的成功是与舒尔茨独特的管理方法和经营理念密不可分的。美国《语境》杂志曾称赞舒尔茨说他“改变了我们对于咖啡的想象力”，把一只丑小鸭调教成了全美“领先的零售商、美味蛋糕的提供者及独具魅力的咖啡品牌”。

卓越的领导力是星巴克成功的秘诀之一，霍华德·舒尔茨曾说过：“拥有颇具市场魅力的品牌能够获得利润，对自己的员工给予良好的待遇则能够获得尊重，这是使企业得以发展的相辅相成的两个方面，缺一不可。”星巴克能够运营成功的一个重要因素就在于舒尔茨对人际关系作用的深刻了解，并能将其运用于经营管理之中。

舒尔茨十分尊重他的员工，他非常欣赏意大利咖啡馆里那种老板、侍者共同营造的舒适、安静的氛围，因此他努力在星巴克内部也创建这样一种气氛，并通过晋升、提高待遇等手段使员工既充满创造力又能在工作中寻找到乐趣。因此，他采取了与老式的、通过市场推广来管理品牌的方法完全相反的措施——视员工为品牌的最好诠释者。

星巴克并不投资大笔金钱用于广告，而是将这笔支出投入到员工培训及红利分成中去。1988年，星巴克成为第一家为临时工投保医疗险的公司。1991年，星巴克又成为第一家给予员工优先股权的公司，并且员工的范围扩大到临时工。这种利用人际资本的措施立即取得了明显效果：员工的流动性从每年的175%下降至65%。在星巴克内部也建立起了切实的激励环境，提倡沟通、权利分享和分工协作，在公司里所有员工不论职务大小，都被称为合伙人，因为他们每个人手上都有公司的股权。每一位“合伙人”也都感到自己是公司的主人，甚至连为公司总部命名（星巴克供应中心），也凸显的是为“合伙人”提供信息与物质支持的人；新店选址这类的重大决定也会先分地区收集员工的意见。这些做法都凸显了一个跨国公司对人际资本的充分利用，以及就文化、价值及好的管理经验进行充分沟通的管理理念。

星巴克的区域分店和供货中心之间一直存在着周转率很高的人员流动，其总部中有80%的员工来自第一线。这样由于管理层都有过基层经验，在扩展业务时便会更务实也更有创造性，对商战中的肉搏场面也反应迅速且有效，使星巴克在竞争中占据了优势。例如，星巴克南加利福尼亚员工的杰作掺酒的弗拉普其诺，因为当地人非常喜欢喝掺酒的咖啡，星巴克的对手们大多也迎合了顾客的这种需求推出了新产品，因此拉走了不少主顾，来自南加州的管理人员强烈建议星巴克推出同类的饮料以便在竞争中获胜。舒尔茨先生起初对此并不太热心，但最终批准了这一项目，这样一来星巴克不仅又多了一种讨人喜欢的产品，也在南加州的竞争中战胜了竞争对手，巩固了星巴克的市场地位。

星巴克每个季度还会召集四大洲的员工进行思想上的交流，这有助于资源进行最优组合，而当某个计划经讨论成熟后，也会迅速地推广到所有连锁店。例如，某地区分店在夏季推出的一种混合酒精的清凉饮料，受到市场欢迎后，那么在其他区的连锁店的柜台上也会很快摆上这种饮料。

某研究机构通过对《财富》1000 家公司的业务情况分析发现，与星巴克一样注重人际资本的公司，一般都在 1996 年至 2000 年期间，逐步允许普通员工持股，并从中获得了极高的回报（超过 2%）。排名前 25 的公司，有 59% 重视跨地区的员工沟通，81% 注意在团队内分享目标、管理经验。这种先进的管理方式不仅提高创造力，而且提升了员工对成功的渴望。

星巴克这种管理上的成功就在于其领导——舒尔茨对人际资本的重视，并借助优良的人际资本创造独具特色的产品品牌，使两者相互提升。让每一个员工都像对待自己的事情那样尽心尽责，殚精竭虑，成为企业拥有活力和业绩的不竭源泉，这既是星巴克的管理特色，也是它不断发展壮大的制胜动力。

让领导力在竞争中说话，用领导力打败竞争对手，是企业的最佳选择。

领导是赢的关键

全球化竞争的加剧，使企业所面临的竞争局势越来越复杂，要想在竞争中赢得持久优势，企业就不能把竞争获胜的希望再寄托于简单的、具体的运营措施上，甚至看似高明的经营策略也不再有效。企业需要从更高层面，更宽广的角度上去获取竞争优势，这样就需要一个强势且卓越的领导来帮助企业掌握“赢”的关键。

成立于1984年的美国戴尔计算机公司如今已经成为全球第一大及全美最大的个人电脑生产厂商。其以直接面向最终用户，按需订购的销售方式闻名于世，凭借出色的产品质量和表现、极高的客户满意度，戴尔公司获得了许多世界知名的专业奖项。自1995年起，戴尔公司一直名列《财富》杂志评选的“最受仰慕的公司”之列。

戴尔公司所取得的这些成功在很大程度上都要源于企业的大管家——迈克尔·戴尔。他1984年从德克萨斯大学退学办起了电脑公司，凭借其对电脑的执著追求以及对市场的悟性和行情的追踪，20余年间将戴尔公司打造成了世界级的巨型企业。戴尔本人也因此荣获了《首席执行官》杂志“2001年度首席执行官”、《Inc》杂志“年度企业家”、《PC Magazine》杂志“年度风云人物”、《Worth》杂志“美国商界最佳首席执行官”，《金融世界》和《工业周刊》杂志“年度首席执行官”等称号。海德里克和斯卓格斯等知名高级经理人猎头公司也称戴尔为“富有影响力的首席执行官”。

戴尔的成功和那些神奇的软件和芯片并无太大联系，他的成功依靠的是他所开创的电脑直销模式。迈克尔·戴尔说过：“我想应该直接从消费者那里反馈信息，然后按消费者的要求订做产品，并且省掉经销商的费用，这样就能把更好的技术和价值提供给客户，这就是我们的模式，它推动了我们的公司业务的发展。”这种直销模式，如今已经成为无数企业效仿的典范，戴尔公司的副总裁康尔特·托福尔说：“在我看来，迈克尔的天赋还没有得到应得的肯定；他对市场的每一丝动向都有敏锐的感觉，是他创造了戴尔公司的经典传奇。”

迈克尔·戴尔于1984年创立戴尔计算机公司，他的经营理念就是按照客户要求制造微机并向客户直接发货。这一举措使戴尔公司成为世界上首屈一指的计算机系统直销商，并使它跻身于业内最大的制造商之列。

戴尔的直线营销关注的是与顾客建立一种直接的关系，以便让顾客能够直接与戴尔公司互动，通过Internet、电话或是与销售员面对面的这种互动可以使顾客十分方便地找到他们所需要的机器配置，然后公司可以按照客户的订单制造出完全符合顾客需求的定制计算机。除了完全符合需求，顾客还可以享受到其它的好处，比如，顾客可以享受到英特尔公司（Intel）或微软公司（Microsoft）推出的最新的产品或软件和硬件，戴尔公司可以将其集成一种新的系统卖给顾客；此外，顾客也能够得到一种高价值的解决方案，当顾客在使用机器时出现了问题，他只需拨一个全国统一的免费电话给公司，工作人员便可以直接通过电话为他解决问题。如果是硬件问题，技术人员则可以直接前去维修，而且这种服务是全国性的；对于笔记本电脑，戴尔还提供国际保证，假如一个人去香港或美国开会，他只要拨打当地的戴尔服务电话，就会有专门的工程师为他解决笔记本电脑出现的问题，这为顾客带来的价值不可估量。这些附加服务让顾客感受到，他们和戴尔之间有一种互动关系，而不仅仅是一次性的买卖关系。

迈克尔·戴尔开创的这种直销模式使戴尔公司可以直接从市场上得到第一手的客户反馈和需求，然后，生产等其他业务部门便可以及时将这些客户信息传达到戴尔原材料供应商和合作伙伴那里，形成一整条供应链。这种在供应链系统中将客户视为核心的“超常规”运作，使得

戴尔能做到仅有4天的库存周期，远远短于竞争对手的30-40天的库存周期，以IT行业零部件产品每周平均贬值1%计算，大大降低了成本，产品竞争力因此便显而易见了。戴尔的这种直销模式使其在供应商、戴尔及客户之间构筑了一个被其称之为“虚拟整合”的平台，正是这个平台保证了整条供应链的无缝集成。

当迈克尔·戴尔意识到Internet给人类生活带来的巨大变革时，他又赋予了戴尔公司这种直销模式更为丰富的内容——链式供应系统，高效运作的供应链和物流体系使它在全球IT行业不景气的情况下仍然逆市而上，显示出巨大的潜力。在此基础上，戴尔公司又开发出一种软件，可以将其网上服务系统结合到客户自身的企业资源计划软件里。这种软件的好处是当某个客户向戴尔公司订货时，不仅能使戴尔公司内部及其供应商做出反应，同时还启动了客户自身的经营系统，如审批、预算、库存等，由于整个体系的存在，客户便自然会选择戴尔公司的其他配套产品了。实质上，这套软件系统就是把戴尔公司的经营系统同供应链极其有效地结合在一起。仅凭一份订单就能自动引发公司内部所有的配件订货系统，同时也引发了生产和发运时间表的制定。

在不断完善供应链系统的过程中，迈克尔·戴尔还敏锐捕捉到互联网对供应链和物流将带来的巨大变革，不失时机地建立了包括信息搜集、原材料采购、生产、客户支持及客户关系管理，以及市场营销等环节在内的网上电子商务平台。在这个平台上，戴尔公司和产品供应商共享了包括产品质量和库存清单在内的一整套信息。与此同时，戴尔公司还利用互联网与全球超过113，000个商业和机构客户直接开展业务，用户通过戴尔公司的网站可以随时对全系列产品进行评比、配置、并获知相应的报价，也可以在线订购，并且随时监测产品制造及送货过程。

戴尔直销模式的成功是有其深层次原因的，直销模式杜绝了库存风险，因为戴尔销售的每一台电脑都是直接根据顾客的订单制造的，就不会产生库存积压的风险，这同时也杜绝了因配件跌价而引起的损失。此外，直销模式也有效降低了成本，由于减少了中间商，所有产品都是直接配送到顾客的手里，免除了中间利润，给予了用户切实的利益。这种直销模式也利于资料的收集，真实、及时反应了用户的使用偏好，可以使信息及时反馈到产品的设计制造部门，以便及时调整产品，使戴尔的任一产品都可以在最短的时间内达到品质优化的境界。

戴尔公司的成功就是依赖于这一整套直销模式，戴尔公司，或是说迈克尔·戴尔是直销模式的开山之祖。如果没有他开创的这种直销经营模式，戴尔公司是难以在日趋同质化的 IT 行业中取得成功的，更不用说取得如此显著的成就了。戴尔成功的精髓就在于迈克尔·戴尔思想中对时间领先的重视，也在于直销模式随时代特点不断进行更新——链式供应就是在互联网时代对直销模式最成功地补充。如果没有迈克尔·戴尔的领导，没有他对时代特点的远见卓识，戴尔公司也就无法在竞争白热化的今天脱颖而出了。

正像迈克尔·戴尔自己所说的那样，“远离顾客无异于自取灭亡，但还有许多人以为他们的顾客就是经销商，我现在还对此大惑不解。”戴尔公司所做的就是遵从他的领导，尽可能地接近顾客，为他们提供服务。

Part Two

第二部分

修炼领导力，提升竞争力——领导者的个人素质修炼

领导者的个人素质往往决定了领导力的有效与否，决定了企业竞争力的强弱。一个拥有卓越个人素质的领导者往往能凭借自身的个人魅力获得大批的追随者，并带领他们攻克一个又一个难关，创造一个又一个辉煌。因此，领导者必须修炼自身素质，从而提升领导力，提升竞争力。

第三章

一呼百应

——修炼自己的感召力

领导力就是一种获得追随者的能力，是领导者凭借自身的魅力感召追随者的能力。领导者必须具备那种振臂一呼就能得到响应的能力，只有这样，才能带领企业朝着既定的目标全速前进。

领导力即获得追随者的能力

火车跑得快，全靠车头带

榜样的力量是无穷的

树立让人心悦诚服的威信

修炼你的领袖气质

人心齐了，队伍才好带

领导力即获得追随者的能力

领导力是什么？领导力就是一种获得追随者的能力。领导者凭借自身的魅力使追随者真诚地集合在自己身边，并引导他们自觉地沿着一定方向前进，这时，便产生了领导力。

领导力的来源并不是地位或是头衔，领导力不是一种职务影响力，更多的应是一种领导者个人的品性与能力。那种依靠自己的地位和职权，只会在自己所处的狭窄范围内指挥别人的领导者并不是真正意义的领导者，也谈不上领导力。真正的领导者应该像耶稣、马丁·路德·金、丘吉尔、肯尼迪甚至希特勒那样，虽然他们的价值体系和管理能力大不相同，但每个人都有大批的追随者，都拥有毋庸置疑的卓越的领导力。

很多人拼命的追逐地位或是头衔，到手后便自诩为领导者。但那些自认为是领导者而又没有追随者的人，无论装出多么悠闲神气的姿态，也仍然改变不了他们缺失领导力的事实。权力不是万能的，它并不能为领导者带来追随者，也不能让你和追随者的队伍愈行愈近，只有依靠对自身能力、品性以及为人处世方式的不断修炼，才能获得越来越多的追随者。

上级主管部门为了进一步开发一个国有矿山企业的资源，决定由一名副矿长牵头，去开辟一个新的矿点。新矿点地处山区，条件极其艰苦，上级原拟定暂去100人，先以自由报名的方式决定人选。但出人意料的是，报名者竟远远超出了预期，工人们都争着抢着要去新矿点工作。原来工人对现任的矿山领导失去了信心，几位主要领导根本不管矿上的事，每天却总有忙不完的个人事情：盖房子、买车子、给孩子安排工作。而只有这位副矿长整天埋头在工人堆里抓工作，从来不参与那些为私人谋利益的事。因此，工人们都很佩服他，愿意跟着他干。

副矿长带着100多工人进入了新矿点，在他的带领下，项目的进展很快。虽然新矿上有许多困难，但是工人们都任劳任怨，他们在私下里聊天时对副矿长说："跟着你这样的领导，再累再苦我们也愿意，就是喝凉水我们也愿意干。"一次下雨，一辆拉着50多吨钢管的汽车陷进了路边的地里，没有人动员，几乎所有的人都去卸车、装车。没有一个小时，就让车开走了。后来，新矿上又出现了资金困难，工人发不出工资，连车用汽油也断了。在这种情况下，工人们自己喊出口号："与新矿共存亡！"这段困难期整整持续了近一年，但没有一个人嚷着要回总矿的。

新矿就在副矿长和工人的共同努力下，渐渐发展起来了，不论是工作效益还是工人收入都有了大幅提高，这时总矿的干部和工人也都十分向往来新矿发展，因为这些年由于领导不关注生产，总矿效益连年滑坡，人心也越来越涣散。

从这个简单的例子中我们可以看出，工人们追随的不是某个计划或是某项利益，他们需要的是能带领他们做出绩效的真正领导人物，需要的是有强大个人魅力和沟通鼓舞能力的领导者。领导者要想获得尽可能多的追随者，其本身必须具备某种突出的人格特质，这些特质实际上影响着那些追随者，而当这种特质与某些情境相匹配时，就会影响到领导的有效性，进而影响追随者的数量和范围，也影响了领导力。

通常来说，领导者在一般的内外环境中至少要能够被观察到如下几种人格特质，才能得到追随者的支持。

自信是被追随者所认可的第一位的领导特质，这种自信不仅体现在领导者对自己的信心上，还应借助清晰的话语、恰当的行为，将自信传递给整个团队。自信而不自大的领导者会更加坚定企业成员必胜的信心，并激发追随者更大的潜力。自信不仅仅是一种人格特质，同时也是一种人际交往技能，在面对重大问题的处理时仍能镇定自若的领导者无疑会获得更多的追随者。

恰如其分的谦逊和自信一样是领导者获得追随者的关键特质，那些伟大的领导者往往将他人置于万众瞩目中，而自己始终处于那些不被关注却又极其重要的地方。谦逊往往承认了自己并非无所不能，无所不知，承认自己也会犯错误，并将所有取得的成绩归功于整个团队的努力而不是个人的功绩。

诚实可靠，言行一致，领导者必须值得信任，值得追随者跟随。为此，领导者应该做到实践自己的倡议并树立榜样，让他人了解你的意愿并欢迎他人对此做出反馈评价；在困难面前试图解决问题而不是推诿责任，指责或责怪他人；做道义上正确的事来树立威信，不要编造谎言；公平地对待每一位团队成员；把信任视为获得追随的途径。

追随者喜欢拥有自控力的领导，因为他们认为情绪内倾的人比外倾的人更强大，因为他们愿意承担责任；这也有助于领导者扮演管事者的角色。这种自控力同时与自信密切相关，拥有自控力的人相信他们就是问题背后的主要推动者，当他意识到自己能够控制局面并有良好表现时，对其提升自信有很大的助益。

几乎在所有情况下，追随者都期待充满了激情的领导者，他们也会对这种激情给予充分回应。因为人们追随你就是为了获得鼓舞和激励，激情就是帮助他们实现目标的最伟大工具。如果领导者不能显得卖力，充满了干劲，那么每个人都会退缩不前。

充满勇气，这是领导者需要具备的最重要的一种人格特质，领导者需要的是一种面对风险主动出击的勇气，是一种勇于承担责任和损失的勇气，更是一种去实践失败的勇气。这种勇气是所有追随者所钦佩和追求的。

拥有大批追随者的领导，不仅具备了让人信赖的良好个人品质——不妄行，不妄取，心有准绳，立场坚定；同时他还能将这些品质充分表现出来，通过沟通、交流让人认识，而这正是一个领导者和追随者双方心灵的交流并相互认同的过程，领导者也正是通过这一过程，将自己的人格魅力焕发出来，对追随者产生潜移默化的吸引力和巨大的鼓舞力，吸引他们追随自己始终。

火车跑得快，全靠车头带

俗话说的好，“火车跑得快，全靠车头带”，经营企业也是同样的道理，如果没有领导者这个“火车头”的带领，不用说全速开动了，企业这列“火车”跑不跑的起来都是个问题。

火车头赋予列车的是动力和方向，同理，领导者当好“火车头”的一个重要特质就是能通过自己的感召力来影响别人，使团队成员成为自己的追随者，自愿团结在领导者的左右，并为了同一个目标而付出努力。

领导者应该铭记这样一个目标：“要能借助追随者的努力来获得越来越好的成果。”因此，得到追随者的认可，获得他们的信任便变得尤为重要。但遗憾的是，许多领导者并不如此认为，他们把信任、负责和忠诚仅仅看作是成功的副产品而不是成功的必备要素。事实上，如果领导者要获得追随者，表现出几种核心价值理念是极其必要的。

领导者的三个核心价值理念

领导者有三个不可或缺的核心价值理念，他们就像支持“火车头”前进的煤或蒸汽，正是有了他们的存在才使得火车可以持续跑下去，经过一个又一个站点。

表里如一的价值观

这种表里如一的价值观不仅表现在领导者的工作上，而且更应该表现在其他方方面面。这可以帮助领导者赢得追随者的忠心及真诚的敬意，同时也提供给他们发展的机会，使其过着平衡而全面的生活。这种表里如一的价值观需要的是领导者个人的修养，具备这种品质的人在思想行动方面保持着一致性——他们的言语、思想、行动都表现出一贯的作风，言行不会相互矛盾。

表里如一的价值观之所以能获得追随者的认可，是因为这可以帮助他们看见机会，开发通往成功的道路，并最终达到成功的目标；同时，表里如一的领导也确保了工作环境能发挥并保持团队成员积极正面的态度及习惯，且可以激发追随者发挥最大的潜力，去实现目标。

一个领导者是否具备这种表里如一的价值观取决于其对长远结果的理解能力以及其自身是否努力创造出成果，使追随者受益。归根结底，表里如一是从领导者个人对成果的热情以及对成功的定义上衡量出来的价值观。

为他人服务的热忱

缺乏服务热忱的领导者可能只享有短暂的成功，但很快他们就会丧失工作的目的及意义，也失去追随者及客户对他们的信任。成功的领导者的一大特质就是充满了为人服务的热忱，这种热忱是一种形成有效领导力稳固基础的积极态度及基本的价值观，而这也造就了他们持久的成功及延续的成功。

拥有这种热忱的领导者相信团队成员有一种内在的价值，是存在于他们对组织的成功所做出的具体事物之外的，同时他也认可员工的工作价值并赏识他们的作为，并且有强烈的欲望去帮助及支持他们成功。

在目前这种全球商业化背景下，商品导向已经逐渐转变为服务导向，领导者的这种服务热忱变得尤为重要。若是领导者有清晰的愿景，强烈的使命感，远大的目标以及周密的计划，并且用这种强烈的服务热忱去训练、授权和说服企业员工，实际上是会促进企业的成长及繁荣的。

充满了服务热忱的领导者，往往以价值为导向，以行动为依据。他们带领着企业员工走正确的路，实现理想和目标，赢得竞争。而那些缺乏服务热忱的领导者，因为没有一颗愿意服务他人的心，即使努力所获得成果也是短暂的，于是便被迫尝试一个又一个方法，却终究无法获得成功。

善于管理

这种品质取决于领导者的成熟度，当领导者善于管理时，所看重的就不仅是重要的事，无价的、隐形的资产也是他所看重的。真正的善于管理是善于发掘人的潜力并将其视为企业最重要的资产。

善于管理的一个最大特点就是能在艰难危急的时刻肩负起照顾员工及客户的责任，带领企业走出困境，转危为安。真正的领导者总是把自己置于最后的，把企业及团队成员的利益放在自身的利益及兴趣之上。

一个企业的发展前景，就取决于是否拥有一个优秀的领导者。真正的领导者能把时间、金钱、心力，投资在开发、培养、保护员工目前的稳定及长远的成功潜力上。他们认识到为了组织及团队成员的利益而担任一个高效领导者的重要性，也认识到这是一个企业能持久生存和竞争获胜的关键。因此，一个想要获得基业长青的企业，必须拥有一个像“火车头”一样可靠和强大的领导者，而这个“火车头”至少要拥有上述这三种支持自己的动力之源。

榜样的力量是无穷的

领导者不仅是带领企业走向成功的领袖，同时也是一个导师，在他身上展现的是所有组织成员的共同理想。企业是需要英雄式的榜样人物的，领导者有责任让自己成为这样的人，用自己的行动为所有企业成员做出榜样，让自己成为他们赶超的目标。

雅芳的成功和它的CEO钟彬娴密不可分，这位总是穿着得体的女士看上去不像企业管理者而更像是一个电影明星。她非常沉着和冷静，即使在受到13000多名雅芳代表爆发式的欢呼时，仍能毫不费力地煽动起人群——“雅芳对你而言是最重要的，我在此向你保证这永远不会改变。”

40多岁的钟彬娴不同于其他中年女性，她身材苗条，打扮入时，穿着得体，有着良好的学历和教育背景，她所表现的正是雅芳想要传达给所有女性的，她试图改变中年女性的生活——把宽松的家常裤和塑胶底的运动鞋扔到垃圾桶里吧！

正是在这样一位CEO的带领下，雅芳试图让自己成为妇女美丽产业的老大，如同Walt Disney在娱乐业中所做的一样。钟彬娴借助网络和零售店、上门推销与家庭聚会等方式销售雅芳产品的商业模式来实现她的目标，她坚信雅芳将会改变全世界妇女的未来。

雅芳的成功固然包含着方方面面的原因，但CEO钟彬娴的领导作用不容忽视。雅芳之所以能取得如今的成就，钟彬娴的正确引领是功不可没的。几乎所有的雅芳妇女代表都将钟彬娴视为自己的榜样或是偶像，努力向她看齐，向她学习。

领导者是组织中的一员，但又是特殊的一员，他的手中握有对整个企业实施管理的权力，肩上担负着保证组织生存与发展的责任。所谓“权力越大，责任越大”，这就决定了领导者必须让自己成为整个组织的表率，让自己的行为水准高于团队成员，而不是泯然众人。只有这样，他才能率领企业成员向着既定的目标前进。

领导者，既是组织的管理者同时又是所有团体成员行为的示范引导者。在这种情形下，领导者的一举一动都必将成为所有员工的模仿对象；领导者的一言一行、一颦一笑都会成为所有人审视和效仿的对象。领导者的行为有利于组织，会被效仿；领导者的行为有损于组织同样会被团队成员所效仿。这种普遍存在的“向阳性”，就决定了领导者必须牢固树立榜样意识，严于自律，切实成为企业成员的榜样。领导者若是通过自身的表率作用成为了他人的榜样，往往就会收到事半功倍的效果——员工往往在不知不觉中被领导者所感染和影响，自发地向领导者这个榜样看齐。

可以这么说，领导者的一举一动已经超越了个人行为的范畴，他的所有行为都成了企业成员的榜样或是标杆，是员工学习的榜样。事实上，任何一个领导者的行为，都会影响到他的追随者和身边的每一个人。追随者会通过一种被称为“示范”的学习过程而受到榜样力量的影响，这种影响在平时并不会显现出来，但它是潜移默化的，往往在越关键的时刻表现的也就越为明显。

领导的有效与否，实际上并不完全在于领导者自身的能力或是管理方法，领导者本身的道德或素养也尤为重要。领导并不只是对具体的管理技巧和策略进行探讨，如果抛开管理哲学的高度来探讨技巧，往往连技巧也学不好。中国的文化价值是推崇“以德服人”的，才能固然是一个方面，但更重要的是强大的人格魅力，道德操守。在中国人传统的价值理念中，老板的钱再多家产再多也不一定管得住员工，若想管好员工必须重视“德”，只有领导者自身的道德好于员工，员工才会服气才会服管。因此，对于中国企业来说，领导者的以身作则，榜样作用是必不可少的，只有让自己成为了员工的榜样、楷模，他们才能心服口服的成为领导者的追随者。

树立让人心悦诚服的威信

要成为一个优秀的领导者，除了拥有卓越的能力，还需要拥有一种非凡的领导气质，我们将这种领导气质通常称之为威信。

“人无威而不信”，领导者更是如此。威信，可以说是领导者头上的光环。如果失去了它，领导者就失去了一种对追随者的吸引力，这时再有能力的领导者在追随者眼中也会变得一无是处，暗淡无光。

所有成功的领导都是能把威信发挥到极致的，并通过这种威信来影响与他人的合作，从而实现目标。正如印度圣雄甘地所说：“领导就是以身作则来影响他人。”从这个意义上来讲，威信就是指领导者在人际关系中，影响与改变他人心理与行为的能力，是一种无言的号召，一种无声的命令。

威信是一个成功的领导者所不可缺少的一种特质，那么如何树立这种让人心悦诚服的威信呢？

(1) 以“德”立威

“德”是指领导的道德、品行、作风、思想政治品格和道德品格。所谓“高山仰止，景行行止”。领导者只有心正、言正、行正、身正，正气凛然，才会赢得敬重，才能成为员工追随的对象。而“德之不端，其谋拙出，其本损焉”，追随者对于无“德”的领导者也是从不宽恕的。

(2) 以“智”立威

“智”是指领导者聪明才智，一个思维敏捷、洞察力强、抓问题一针见血、办事老练周到的领导者往往会获得更多的追随者的钦佩和拥戴；相反，腹空如野、孤陋寡闻的领导者，必然无法拥有很高的威信。

（3）以“能”立威

“能”是指领导者的业绩能力，领导者首先应该是员工业绩上的表率，只有这样员工才能信服。领导者敢说“看我的”，“跟我来”，追随者才会跟你干。其次，领导者的沟通能力，用人处事能力，观察分析能力，创新开拓能力也都对领导威信的树立产生不可忽视的影响。

（4）以“行”立威

“行”是指领导者要成为追随者的行为表率，“上有所为，下必效之”讲的就是这个道理，追随者总是以领导者为榜样行事的。领导者只有让自己的行为成为典范，才能树立起令人心悦诚服的威信。

（5）以“和”立威

“君子和而不同，小人同而不和”，和，是一种较高的境界。领导者要在企业中建立一种“和”的氛围，一是宽，就是要对企业成员“动之以情，晓之以理，导之以行”，进行“软”处理；另一种是“猛”，就是对一切违反原则，违犯企业或部门利益的，要绳之以“法”，这样企业成员才能“明其威”，威信成于民心，存于民心。

（6）“威”从“信”来

“威”是从“信”中来的，如领导者“威”而不可“信”，那么，“威”也不会持久。领导者要想获得追随者的信服，关心追随者，时刻把他们放在心中是必不可少的。“从群众中来，到群众中去”，只有这样才能获得他们的认同。

领导者必须了解这一点，如果没有让人心悦诚服的威信，是无法进行有效领导的。只有领导者切实尊重追随者，让他们成为自己的支持力量，为了他们的利益去工作，才能得到他们的追随，才能使他们信服。

修炼你的领袖气质

有这样一句关于领导的格言："如果你自以为在领导，却没有人追随在你的前后左右，那你只不过是在独行而已。"追随者是无法信任那些没有领袖气质的领导者的，他们也很难长久追随这样的领导。一个没有过人的领袖气质的人，即使有全世界最伟大的理想，也只能是孤掌难鸣。

一个成功的领导者不是指身居何等高位，而是指拥有一大批追随者和拥护者，并且使组织群体取得了良好绩效。真正的领导者是拥有强大的领袖气质的，让人心悦诚服，愿意矢志相随的。领导者获得追随，不是靠着领导者身临其中的居高临下，也不该是身先士卒的驾驭指挥，更不能依靠权力来大声地发号施令，而更多的应是领导者的人格力量、领袖气质、领导的魅力。

很多领导者尚不能做到这点，所以他们不能被称之为领导者，充其量只是一个管理者。做一个好的领导者，只靠发号施令是不够的，领导，其实就是如何发挥自身的领袖气质，影响他人合作和达成目标的一种历程。追随者之所以愿意心悦诚服为领导者或是企业卖力工作、奋斗，很大程度上就是因为他们拥有一位"气质"逼人的领导者，他就像磁铁般捕获了追随者的心，激励他们勇往直前。

我们必须得承认这样一个观点：魅力、影响力、感召力远胜过权力。任何一位成功的领导者，无一例外都具有独特的领袖气质，吸引着追随者，激发他们的工作意愿。因此，与其做一位实权在手的领导者，倒不如做一位浑身散发无穷魅力的领导者。

领导者的领袖气质或影响力，会比职位和薪水的高低、奖金更吸引员工，而这才是真正促使人才发挥最大潜力，实现计划、目标的关键所在，它可以帮助你完成许多不可能完成的任务。也许很多领导者担忧和怀疑自己是否具有足够的魅力，但这大可不必，因为这种领袖气质是可以培养和增进的。曾有一位知名的社会心理学家说过这样一句鼓舞人心的话：每一个人都有一方有魅力的沃土，他们在等待着你去开垦。

那么怎样才能培养领袖气质呢?

(1) 尽快培养发展一项吸引追随者的超凡特质，如你的职业目标，并宣传它，以使追随者相信它是值得全身心投入的。以此来激发他们的追随意愿。

(2) 实事求是，取得追随者的信任。实则信，虚则疑。一切从实际出发，说实话，办实事，而非弄虚作假，敷衍糊弄。

①不轻易承诺、许愿

领导者对于追随者的各种要求和困难，要认真分析，并广泛求证，再做出答复。能办到的就办，暂时有困难的就告诉对方办不到并求得他们的谅解。只有言必信，行必果，说到就办到，才能取得追随者的信赖。

②秉公办事，不搞小恩小惠和“小动作”

领导者应对所有追随者一视同仁，一碗水端平。否则，领导者就容易失信于人，而得利者也难免得寸进尺要求更多，一旦无法实现其诸多私欲，往往会遭到对方的怨愤，而领导者更会落的两边不讨好，里外不是人。

（3）不怕困难，勇敢承担责任。

（4）从全局着手，从小处入手，一步一个脚印去解决问题。

（5）任劳任怨，和所有员工同甘共苦。

（6）能以正确合理的方法指导追随者实现目标。

背景、年龄、性格、能力各有千秋的追随者就像一堆沙子，而领导者的领袖气质就是黏合他们的水泥，正是因为领导者的领袖气质才可以让追随者团结在自己的身边，实现目标计划。因此，修炼领导者自身的领袖气质，才能有聚沙为丘的影响力。

人心齐了，队伍才好带

企业的战斗力来自于企业的凝聚力，企业的凝聚力则来自于企业全体成员的齐心协力。一个企业要想在竞争中占据优势，必须聚集起全体成员的智慧和能量，而企业领导者的作用就是凝聚企业成员，充分调动每一个人的信心和动力，让他们能为企业的竞争发展发挥自己的作用。

“于小处尊重个人，于大处重视团体”，这是台湾玉山银行总裁黄永仁说过的一句话。尊重实际上就是凝聚人心的秘诀，因为这世界上所有的人都需要尊重，不论其身份和地位如何。尊重不仅仅是领导者和被领导者之间的一种礼貌，也不仅仅是领导课程中的一个章节，而应该是全部领导学的前提和基础。一个领导者不仅要以企业的战略目标为重，而且要注意与这个目标密不可分的关键所在，那就是与企业员工之间的关系。无论企业的发展目标如何，没有所有员工的齐心努力，是无论如何无法达成的。

惠普公司可以说是西方企业的一个异类，他的用人政策是：给员工提供永久的工作，只要你表现良好，公司就永远雇佣你。通常说来，欧美企业受个人自由主义文化的影响，导致企业员工的流动性较大，一般都是短期雇佣，而惠普则反其道而行之，与其他企业形成了鲜明的对照，突出了惠普领导层重视人，关心员工个人利益，与员工同甘共苦的特点。

在惠普公司里，领导者总是同自己的下属打成一片，他们关心员工、鼓励员工，使员工感到自己的工作业绩得到了承认，自己受到了重视。与此同时，惠普公司也注重教育员工。鼓励他们把心思放在对生产、销售和产品服务扎扎实实地做出个人的贡献上面去，而不是只顾着升迁或是提薪。此外，公司还教育员工要有高度的自信心和责任感。

对于员工个人的职位升迁问题，惠普教育员工要在做好自己的本职工作上求发展。曾有一位惠普公司制造部的中层经理，他管理着一个有50人的部门，一年以后他开始考虑个人前途问题了，因为他的许多同学已经身居高位了。于是，他便找到上级诉说了自己的苦恼，并询问如何才能升迁。他的上级思索片刻，笑着说："你干嘛着急？在这儿想往上升，最好的办法就是干好你的本职工作。我知道需要一点时间才能习惯于我们这儿的做法，可是请信任我们，从现在起就好好干，高兴点儿！这样就能提升！"他相信了上级的话，同时也很满意于在惠普的工作，因为他意识到他的上级总是不惜时机地给员工伸出帮助之手，而且似乎人人都知道他在干什么，他做出了什么贡献。

与此同时，惠普还注意尽量使最低层工作人员的薪水高于其他公司，使员工获得丰厚的薪金，坚定在惠普工作的信心。与全美5~10家主要公司相比，惠普的待遇大约与这些公司相等；若将10~20家与惠普类似的公司相比较，惠普的待遇通常会高出5%~10%；与30家经营范围广泛的公司比较，惠普的待遇则高出10%~15%。在现金分红方案上，惠普也将税前的利润提出12%，分给员工，这个方案使员工的待遇大约提高了7%左右。

另外，惠普公司还十分重视员工的福利。公司的福利除基本生活福利、医疗保险、残废保险、退休金，两天一次的免费午间茶点，以及新员工搬迁补贴外，还有两项特殊福利：一是现金分红制度，即凡在公司任职半年以上的员工，每年夏初及圣诞节，可得到一份额外收入。另一项特殊福利是股票购买制，即员工任职满10年后，公司会另赠股票。惠普公司为雇员赠送结婚和生日礼物，每年组织一次全体员工和家属共同参加的公司野餐，为了完成这项计划，公司买下了圣克鲁斯山的“小盆公司”，作为员工年度野餐的场地。此外在科罗拉多州，宾州波柯诺山，马来西亚海滨，苏格兰大湖区以及德国阿尔卑斯山的滑雪山庄都有惠普公司建造的游乐区。全球的惠普员工，若欲前往上述任何地方，只要事先预约，在一定的日期内，就可以极少的花费遍览湖光山色。

惠普公司的种种做法源于其创始人比尔·修斯特，他认为：“经理人都有一样的愿望，让自己的公司作大，让属下对自己忠诚，希望自己做出的批示能够得到属下的热烈拥护，这些愿望都是正常的，应该的。问题是怎样才能做到这一点呢？这有许多要求，而其中最重要、最关键的一条，就是关心、尊重你的部下。”他是这样说的，也是这样做的，正是在他的领导下惠普建立起了这种“另类”的企业文化，也正因此使每一个惠普人都安心在惠普工作，朝着一个共同将惠普做大做强的目标努力前进，使惠普成为了一个拥有500亿美元资产，成为世界高科技公司的名牌企业，并成为个人电脑和打印机设备制造方面的龙头老大。

与之相反，如果领导者认为仅凭自己的个人权力，就可以带领企业的发展壮大，并因此将自己的利益凌驾于员工之上，一味高高在上，不懂得尊重员工，对他们颐指气使，那么这个团队很快就会被视为领导者个人的工具，而丧失凝聚力和竞争力，一败涂地。

第四章

打破惯性

——修炼自己的创新力

拿破仑认为，创新力可以统治整个世界。领导者必须不断开发自己的创新能力，让创新成为自己在企业管理中的智慧源泉和工作动力，成就一番事业。

“变”是不变的真理

世界是不断发展变化的，企业需要不断创新、变革来适应这种变化，领导人也一样，如果不能主动求变，持续地变化，必然会被世界的变化大潮所淹没，在竞争中出局。领导者持续的创新精神，能够使自己和企业表现出高度的自信，制定出大胆的愿景目标，采取有胆识、有魄力的创新行动，甚至违背企业界的流行做法和谨慎战略，从内部推动企业的不断革新，不断前进，不断改变公司的发展状况，在竞争中获胜。

企业的发展应该是个不断创新的过程，因为环境在不断变化，领导者以及企业就需要不断地创新。这世界上唯一不变的就是变化，领导者只有让自己不断求变，不断发展，才能适应这个变化了的世界。创新是永无止境的，任何领导者都不能指望通过一次创新，就可以一劳永逸地享受创新的成果，只有持续不断地进行大胆尝试和创新，才能保持企业的市场竞争力，不断向前发展。

海德·道格拉斯是美国奥什康什公司的总裁，这家公司在成立之初主要以供应农民穿的围裙为主。在1895年到20世纪70年代将近80多年的时间里，奥什康什公司的围裙销量一直都很大，利润也相当客观，这种产品在当时十分适合需要穿着围裙耕地、挤奶、喂猪的美国农民的需要。

然而，随着农业现代化水平的提高，农民大多改用机械化作业了。海德·道格拉斯接任奥什康什公司总裁后，他敏锐地察觉到了市场的这种变化——穿着围裙工作的农民很少见了。因此，为了扭转公司的发展方向，他在一次高层会议上说："现实环境已经改变了，我们不应再以五年前的眼光看待问题，而应该认真地分析市场变化，详细地作好战略发展计划，并准确无误地实施它。"1978年，海德·道格拉斯经过细心观察，认真分析，发现了一个正在急剧膨胀的新市场——许多年来公司一直为邮购商店生产一种小孩穿的工装裤。他发现邮购商店一年卖这种商品的数量超过了六七千条，认为这里潜藏着很大的商机。为了证实这种想法，他果断地做出决策，给儿童用品零售商寄发了直销邮件。零售商试销后，反应很不错，于是订单便如雪片般不断飞来。从此，道格拉斯把市场的重心放到了努力拓展童装市场上，很快打开了新局面。

到了20世纪80年代，由于童装市场竞争十分激烈，道格拉斯又一次主动求变，改变了公司的发展方向。经过调查他发现，随着人们生活水平的提高，人们对于童装的要求也越来越高。于是，他为公司制定了新的战略定位——以生产做工精细、时髦漂亮的高档童装为主打方向。这一战略调整使公司的效益实现了一次重大的飞跃，公司的规模也不断扩大，终于成为了一家世界级的大公司。

到了20世纪90年代，海德·道格拉斯又发现沃马特、克马特、塔甘等大企业占据了童衣纽扣市场一半的份额。为了企业的长远发展，他毅然决定进军童装纽扣市场，这一措施有力地维持了奥什康什公司的市场地位，保证了公司的长远发展。

领导者应该坚持变化，创新是一种对新思想、变化、风险乃至失败都抱一种欢迎态度的行为方式。这世界上没有不朽的产品，没有永存的企业，唯有变化、唯有创新才能发展，才能生存。也只有这样才能保持企业的竞争力，在市场中立足、发展。

领导者既是系统的构建者又是系统的变革者

创新是一位领导者最重要的特质，同时也应是一个企业的本质特征。创新意识和能力的耐久性是一个判定领导者生命力的重要标准，领导者应该既是一个系统的构建者同时又是一个系统的变革者，要能时刻随着时间的变化而变化，否则就会被竞争所淘汰。

许多公司之所以能够创造出让世人为之瞩目的佳绩，就源于其领导者坚持不懈地追求创新理念，不断进行创新变革的举措。产品创新，企业不止，这是别无选择的生存之路。

英特尔总裁安德鲁·格罗夫说："作为一名领导者，最重要的职责就是时刻提防他人的袭击。"集中精力不断进行创新，防止他人在技术和市场上超过自己，给自己一种紧迫感，从而不断地改进技术，加快技术的更新换代；同时，以技术为依托，开发市场和新产品，从而占领更多的消费市场。这就是领导者作为这个系统的构建者和变革者所需要进行的工作。

英特尔公司是世界上创新力最旺盛的公司，其产品更新换代的速度之快令世人咂舌。在产品创新上，英特尔秉承着不断挑战自己的过去，挑战自己的成就，挑战自己的纪录这一理念，不断求新求变。英特尔的口号是："让对手永远跟着我们好了。"为了能够让所有的员工都了解公司的方向，以便集中力量进行创新，英特尔习惯于设定那种乍看起来让人觉得无法企及的"高目标"，然后再同相关的小组密切地进行讨论，找出合理的指标，并且对市场需求和公司资源做出合理的评估。英特尔公司的领导者认为，结果导向意味着英特尔强调积极的目标、具体的结果与产出，从而能够更加集中精力进行创新。而要让企业的每个成员了解团队的方向，必须要通过设定高目标，以量化的手法，务实地制定能实现的目标。

英特尔公司最显著的还是其在主动创新方面的"固执"，与其类似的是通用电气公司，一百年来通用电气成功的秘诀就是始终保持着公司创始人爱迪生的传统：创业与革新。到 1931 年爱迪生去世之时，公司已获得了 1093 项专利。此后几十年来，通用电气公司的继承人已将这一纪录扩大到了 60000 多项，其中约 16000 余项专利至今仍然有效。如今，GE 公司仍然是美国每年获得专利最多的公司。通用电气公司的苏珊博士就很肯定地说："积极的态度是进行创新的最大特点。"

比尔·盖茨的成功同样离不开创新，他的创新精神使微软公司极具战斗力和杀伤力，以致《资本家》杂志在 1997 年 4 月发表评论说："微软公司正在屠杀对手，看来似乎会几近垄断软件工业。"

盖茨从小就具有强烈的进取心和执著性格，无论游戏还是比赛，他总要争个高低。盖茨的中学是在西雅图的私立中学——湖滨中学度过的，这里是美国最先开设计算机课程的学校之一。正是在这所学校，激发了比尔·盖茨智慧的火花与创造力，满足了他的求知欲和创新欲。在他还是一名中学生时，对于新奇东西抱有的那种宗教一样狂热的心态就已经表现得淋漓尽致，无论是在机房钻研电脑，还是玩扑克，他都废寝忘食，不知疲倦。有时疲惫不堪的他会趴在电脑上进入梦乡。盖茨的同学就说，他常在清晨时发现盖茨在机房里熟睡。

当盖茨被哈佛大学录取后，这种创造能力更是得到了尽情的释放。在升学前的那个暑假他和同伴保罗一样夜以继日地工作，使得计算机技能和知识水平都有了突飞猛进的发展，这种进步，使他们看到了别人所看不到的希望。在哈佛大学的计算机中心里，盖茨不断朝着自己的梦想努力着。他在机房中进行着各种各样的思考和研究，他先是探索问题，发现毛病，然后寻找导致这些问题的根源。每当发现问题或找到产生问题的线索时，盖茨就认真地把它们详细记录下来。随着研究的深入，盖茨不仅可以破解计算机的系统程序，而且能够越过计算机的密码系统去获取他感兴趣的信息资料。正是这种卓越创新的性格促使盖茨大学还未毕业就创办了微软公司。而由于受比尔·盖茨的影响，微软也形成了用积极态度进行创新的精神，这也正是微软之所以发展壮大的秘诀所在，而这也实现了比尔·盖茨的梦想——“每个家庭的每张桌子上面都有一台个人电脑”，造就了微软神话以及比尔·盖茨的传奇。

在发展日新月异的今天，领导者面临着两个选择：要么坚持追求创新，将你的标准强加于人；要么就顺应他人制定的标准，等待着被时代淘汰。创新是一种独立的思考方式，是一种积极的工作态度，它包含着希望、热情和自信，高度的专注以及坚忍不拔的努力。因此，领导者就要让自己既是一个企业的构建者，同时又是一个变革的推动者，只有这样才能让企业在竞争中立于不败之地，并进一步发展壮大。

无能者维持现状，有为者改变现状

拿破仑曾说过："创新能力可统治整个世界。"领导者不断开发自己的创新能力是从事企业管理活动智慧的源泉，也是工作的最大动力。无能者维持现状，有为者改变现状，所有成功的领导者都是创新的高手。

日本的"电子之父"松下幸之助就是这样一位富有智慧、善于洞察未来的有为领导者，他成功的秘诀就是永远超前一步的创新思维。

当松下幸之助开始自己的事业时，依靠的就是这种在自己智慧基础上所形成的强烈的超前意识。他的背景和电器制造相隔甚远，而且在那个年代有关电的行业只不过是凤毛麟角。然而，松下幸之助坚信电这种新式能源在给人类带来方便的同时也会带来更多的欲望。灿烂的电气时代如同电灯一样将会照亮人类生活的每个角落，因此，他毅然投身电器制造业。尽管在创业伊始，他就受到了许多挫折和打击。然而这种超前的创新意识使他具备了坚定的信念和必胜的信心，也正因此，使得松下电器从无到有，从小到大，成长到今天这种规模。

二战后，松下幸之助又一次主动改变现状，他超前地看到“新文明”将带来世界性的“家电热”。而这对于松下电器，既是一次发展壮大的难得的机会，也是一次艰巨而又严峻的挑战。于是他大刀阔斧地进行机构调整和技术改革，从而使松下电器在新的挑战和机遇中得到了前所未有的发展。

到了20世纪50年代，松下幸之助在第一次访问美国和西欧时发现，必须改变现行的企业体制，提高科技水平，这样才能抗衡欧美企业，而且这更是历史的必然。于是，在回到日本后，便在产业界率先进行了民主体制改革。在政治上给予产业充分的自主权，建立了合理的劳资体制和劳资关系；经济上则改革了日本的低工资制，使员工工资超过欧洲，接近美国水平，并建立了必要的员工退休金制度，使员工的物质利益得到充分满足，没有后顾之忧；劳动制度上则实现每周5天工作日，这在当时的日本还是第一家。松下幸之助认为，这一改革并非单纯增加1天休息，而是为了进一步促进产品的质量，好的工作成就产生愉快的假日；愉快的假日情绪会导致更出色的工作效率。只有这样，生产才能突飞猛进，效益才能日新月异。

松下幸之助的改革给松下电器带来了又一次腾飞的契机，在他的带领下，松下更是创造了许多经济奇迹，缔造了一个又一个松下的神话。

所有有为的领导者都懂得改变求发展的道理，环境的变化是一种新的时势、新的发展机遇。无论是地理环境、交际环境，还是职业环境、人文环境，每一次改变都为我们提供了一个新的广阔的发展空间。如果领导者能敏锐抓住这些改变的契机，主动改革，主动创新，那么企业必然会在变化中发展得更好。

改变就是从旧模式到新模式的转换，这意味着领导者必须用全新的视角、全然不同的新方式来思考原有的问题。我们每个人都具备这种“创造性的能力”，区别的关键就是无能者任由这种能力被埋没，而有为者则主动去表现自己的能力，打破因循守旧的思维习惯，努力改变现状，带领企业前往更光明的前方。

领导者要经常给追随者洗脑

领导者要想在一个技术日新月异的时代保持企业的实力，除了自己不断创新之外还要在思想上不断激励追随者的创新意识，要鼓励他们勇于创新，更要乐于创新。

惠普公司如今的发展就和他们的领导层不断鼓励员工创新有关。惠普公司从最开始的电子仪表领域到工程用计算机的研制与开发，再到商用小型机、计算机设备、打印机、UNIX 系统；从网络软件，到个人电脑及惠普推动的电子化服务，公司一直在不断改变、创新。虽然每一个新产品的推出，都是一个非常艰辛漫长的过程，但惠普依然不懈地努力，而这正是惠普得以在激烈的市场竞争中立足的根本原因。

惠普的创始人之一戴维曾经指出，惠普公司之所以能够保持不断的创新，主要有以下几个方面的原因：公司鼓励创新者们创新；创新者们的敬业；生产工艺的不断创新。而在这三个因素中，发挥最大作用的当属“鼓励创新者们创新”这一管理措施。在惠普公司，实验室里的经理们每天的一项重要任务就是，保持并激发研究员们创造的热情，鼓励他们不断产生新思想，保证公司研发出来的产品能在利润期内获得最大利润。

惠普的领导者“戴帽子的过程”最能说明他们是如何鼓励员工进行创新的。当员工产生了一个新想法并找到领导者时，他们会戴上一顶“热情”的帽子，认真地倾听他们的想法并适当地表示惊讶或赞赏，同时问一些温和的问题，以鼓励其继续深入下去。几天以后，他们会把这名员工再叫来，这回他戴的是一顶“询问”的帽子——提出一些非常尖锐的问题，促使这些创新者对他们的想法进行彻底地探讨，以确定这项提议是否可行、有无价值和能否为企业带来利益。不久以后，领导者又会第三次会见这位革新者，这时他所戴的是“决定”的帽子，经过严格的逻辑推理和缜密的思索后对创新者的创意做出判断，并下结论。

惠普的这种管理方式，使得员工的创新不管是得到支持还是被否决，都不会挫败他们的创新热情，反而更加激励他们，使他们更加努力地继续思考和研究，做出有益于企业的新想法、新提议。而惠普之所以采用这种领导方式，是因为惠普的领导者们认为每一个惠普人都要有创新的欲望，因此他们鼓励员工通过参加公司及外部组织的各种知识培训，增强创新的知识基础。

在这样的环境中，惠普的每一名员工都非常踊跃地进行创新，即使他们的部门领导者否定了这个新思想，通常也并不能真正地扼杀它。忠实拥护这些想法的工程师们会偷偷地钻研下去，因为他们坚信他们的思想会成为现实，会给公司带来超乎想象的利益。而惠普的这种做法也为

其带来了许多收益，夸克·修斯是惠普的一位工程师，当他正在研制一种显示监视器时，上级却通知他放弃研究。但是他并没有这么做，而是通过深入的市场调查，说服了研究与开发经理把这种监视器投入生产。结果，惠普公司通过销售17000台这种显示监视器，赚取了3500万美元的利润。

另一个有趣的例子就是惠普曾经有一项代号为“欧米茄”的项目很有发展前景，有可能成为公司新的利润增长点，但遗憾的是耗资过于巨大。如果项目上马，惠普将不得不举债为它筹资，但这违背了惠普公司一直以来奉行的依靠利润促进发展的原则，并且它会将惠普推向一个根本不熟悉的竞争市场——直接与IBM的主机业务进行激烈竞争。公司否定了这个项目，但是几个热心于“欧米茄”项目的工程师仍然在实验室里偷偷地进行研究。后来，经过惠普公司的几个主要经理和工程师的再一次审查，发现了它的价值：在计算机的构造方面体现了一些好的主意。于是，“欧米茄”开发项目重新上马，改名为“阿尔法”，并且生产出了惠普公司的第一台多功能计算机。“阿尔法”于1972年作为HP3000推向市场，获得了巨大的成功。

正是由于惠普领导层的这种鼓励创新的思想，激发了员工们的创新意识，并未惠普带来了可观的利益。而同时，领导者也注重在鼓励创新的同时给予奖励，不仅包括物质上的——惠普会把由于员工创新所带来的利润的一部分奖励给员工，还有精神上的奖励，夸克·修斯在成功地研制出新型显示器后，总裁戴维亲自授予了他一枚奖章，奖励他“超乎工程师的正常职责范围，表现出异乎寻常的藐视上级指示”的精神和态度。

只有创新才能成功，这是任何时候都颠扑不破的真理。领导者要在自己创新的基础上不断激发追随者的创新意识，充分发挥员工的才能潜质，这样的企业必然是市场上的强者，终能成功。

鼓励创新，也要允许失败

创新的另外一个名字是探索，这也就是说领导者和企业要能让员工在尝试和错误中探索一条新的道路。探索的过程中失败是不可避免的，如果领导者不能容忍这种合理的错误，就永远不能形成良好的创新氛围，得到善于创新的人才。

不能容忍员工的失败是日本企业的致命伤，日本曾由政府和大公司共同建筑了筑波科技城，这里被称为日本的硅谷。筑波科技城建成至今已经20多年了，但是一直没有取得什么大的成绩。虽然日本人把最好的大学毕业生都送到这里来，虽然这里有豪华舒适的生活条件，但是由于强大的“只许成功不许失败”的精神压力，致使这些精英甚至沮丧到自杀，而这种压力也一直困扰着日本的硅谷，成为了它的致命伤。

美国企业却恰恰与此相反，大多美国企业的领导者都知道要想让员工敢于创新，就要先让创新者打消害怕失败遭受惩罚的念头。这些领导者深明这样的道理：要想进行卓有成效的创新，就得进行不同形式的尝试，并在尝试中保留正确的东西，摒弃那些无效的东西。所以，要进行创新，首先必须建立起“失败后还有明天”的思维，创造更加自由宽松的人文环境，让“接受失败，容忍失败”成为一种普遍认同的文化。

奥蒂斯电梯公司就是这样一家典型的美国企业，它的总裁苏米特拉·杜塔就对员工宣扬这样的观点："放手去做你认为对的事，即使你犯了错误，也可以从中得到经验教训，不再犯同样的错误。"这样一来，企业的所有员工便可以放心大胆地去探索、实验、发挥创意，为企业做出一番贡献。

苏米特拉·杜塔经常鼓励下属，他说："如果我们只知道执行上司认为对的事情，这个世界永远也不会加速进步。"他要求公司的每一个主管必须鼓励和培养员工的创造力和毅力。"年轻人总是有些创意的，主管不应该只懂得向他们填塞那些现成的观念，这样可能会扼杀不少本来很好的创意。"苏米特拉·杜塔还认为，企业不宜将员工的职责范围定得太细、太清楚，这样既不聪明，也没有必要。只有领导者把所有员工视为一家人，员工才会安心自觉地做好力所能及的事。否则，只会限制员工的创意和灵感的发挥，损伤创造力。在奥蒂斯电梯公司，是不允许责罚犯了错误的员工的，解决问题的关键是找出犯错的原因，而不是惩罚犯错误的人。

有一位公司的总裁曾经对苏米特拉·杜塔抱怨说，公司里有时会出点差错，但又找不出该负责任的员工，真不知为什么。苏米特拉·杜塔赶紧回答，找不出是好事，如果真找出那位员工，可能就会影响其他员工。他说："任何人都可能犯错误，我也犯过错误。例如，我们奥蒂斯系统是一种领先于时代的产品，虽然这是一种革命性的电梯系统，但是公司进入市场的时机却不恰当。本来我们奥蒂斯系统最适合于超高层建筑，但正好在亚洲金融危机前的几个月推入了市场，几周后这一世界上最大的、最有生机的新摩天大楼市场就崩溃了。我的决策出现了失误。”他继续说，“谁也免不了犯错误，尤其是在创新过程中更是如此，但是从长远来看，这些错误也不至于动摇整个公司。错误也许不可原谅，但是犯错的人却是可以原谅的，如果一个员工因犯错误而被剥夺升迁机会，也许就此一蹶不振，谁还愿意为公司作更大贡献呢？假使犯错误的原因找出来了，公之于众，无论是犯错误还是没犯错误的人，都会牢记在心的。”

在苏米特拉·杜塔的奥蒂斯电梯公司，所有员工都勇敢创新不怕犯错，因为他是这样告诉他的员工的：“员工犯点错误不奇怪，我们应该像对待小孩犯错误一样，要帮助他而不是抛弃他。特别要耐心找出犯错误的原因，避免他或别的人重犯，这不但不是损失，反而获得了教训。在我多年的领导生涯中，还真找不出几个因犯错误而想开除的人呢。”

这个世界就是如此，很多东西是无法预料的，失败和错误更是创新过程中的有机组成部分。领导者要想得到正确的东西，就要在不断失败的尝试中寻找，就像3M公司的那句名言：“为了发现王子，你必须与无数个青蛙接吻。”吻到青蛙并不是坏事，最糟糕的是员工不敢采取任何实质性的创新行动。因为如果没有那些失败的体验，就不可能获得创新的成功，这是颠不破的真理。因此，企业只有建立一种鼓励创新，允许失败的企业文化，员工才会积极主动地进行创新，全体成员都参加到创新工作中来。

事实上，真正成功的新构思背后是成千上万个失败的创意，但是这种失败对企业并非有害，实际上失败和死胡同可能正是下一轮创新的发力点。因此，只有允许失败才能真正鼓励创新，否则一切都是空谈。

记住，如果你不想犯错，那就什么也别干。

营造一个激发创新力的工作环境

在科技日新月异的今天，只有那些能够不断创新的企业才能生存发展，因此，领导者必须要能够激发员工的创新激情，使他们能全身心投入到企业创新的发展中去，同时，为人才营造一个足以激发创新力的工作环境也十分重要。

比尔·盖茨是一个十分重视创新的领导者，他有句名言“只有创造者才能享受办公的乐趣。”为了贯彻他这一理念，尽其所能地为员工提供良好的工作氛围，竭力满足他们对于工作环境的要求，尽可能地使其感到工作愉快，给予其充分的自由，以激发员工创造的灵感。他所营造的环境，在外人眼中看来甚至有点不可思议。

盖茨关于办公室的设计，体现了他自己的想法。而这也正好表达了他对微软企业文化的主题把握。微软提倡的是平等竞争、自由工作的精神，因此，在办公室的设计方面，盖茨也主张平等、自由的风格。

微软公司的每一位员工都有自己的办公室，这些办公房间相互独立，面积大小也差不多，就算比尔·盖茨本人的办公室也没比别人大多少。员工在自己的办公室里拥有绝对的自主权，可以自由装饰和布置房间，也可以放音乐，调整灯光，在墙壁上随意贴自己喜欢的海报。微软的办公室是一个绝对私密的个人空间，没有人会来干预你在这里所做的一切。微软公司充分尊重每个人的隐私权，员工绝不会有时刻被人监督的感受，可以充分享受创造的自由。在这样的环境里，能充分激发员工的灵感，挖掘智慧潜能，因为这里可以帮助他们保持轻松愉快的心情，充分施展自己的能力，而这对员工创造力的提高有很大好处。

微软总部与其说是一家公司，倒不如说是一座大学。这里的30多座建筑都建得比较低，到处都洋溢着一种学术的氛围。公司的年轻员工骑着单车上班，甚至可以一直骑到走廊里。在微软公司各办公楼门前都建有停车场，在这里不管是总裁还是一般员工，都平等地在这里选择车位，只有次序的先后没有职位的高低。公司的资料室也向所有的员工开放，任何人都可以随意去拿他们所需要的办公用品，而不必填表登记，更无需向人申请。

员工可以任意穿着他们认为最舒适的服装上班，短裤还是汗衫都没问题，有的人甚至光着脚就像在家里一样自由。微软公司的办公大楼地面上铺着地毯，房顶的灯散发出柔和的灯光，在楼道内随处可见用于办公的高脚凳，其目的在于方便员工可以不拘形式地在任何地点进行办公，以便能够及时抓住突然迸发的灵感。在微软的办公大楼内看不到一座钟表，这是考虑到软件开发行业的特点而设计的。因为一旦员工进入了工作状态，就算是时钟的秒针声也会干扰或打断他的思路。

微软公司总部设在西雅图，这是一个阴天多晴天少的城市。因此，只要一出太阳，就算是上班时间，员工们也可以随心所欲地到办公楼外散心，在楼前的草地上坐着或躺着晒太阳，或者弹吉他、唱歌、打球……公司还会提供免费的饮料。每周五晚上，公司还举行狂欢舞会，以缓解员工的压力和苦闷，消除一周工作的疲劳，并增强企业的凝聚力和向心力，达到相互沟通、增进理解和友谊的目的。

在微软这种“能够充分享受创新乐趣”的环境里，所有的员工都能充分发挥自己的创新能力，他们通过不断设计出领先于其他公司的产品来回报公司的这种付出，为微软的业界地位做出了卓越的努力。

良好的创新氛围不仅能够让员工获得舒适的工作环境，愉快地工作，更重要的是，它可以让员工从心底里感受到公司对自己的关怀，能够充分发挥自己的聪明才智，专心致力于创新事业，从而保证企业在竞争中获胜。

停止变革就丢掉了前途

创新是企业发展的关键，只有求新才能生存已经成了所有企业和领导者的共识。创新即突破常规，创造机遇，任何一个企业如果停止了变革，固步自封，等待他们的除了灭亡别无他途。

美国的捷运公司就是一个以创新求生存的典型。20世纪初，美国邮政局实施了竞争性包裹邮递制度，垄断了所有的货物特快专递业务，这对货运行业造成了巨大影响，美国捷运公司的利润因此一下子骤减了50%。在这种状况下，捷运公司不得不寻找新的利润增长点来维持公司的生存发展。

公司的调查人员发现，随着美国邮政局业务的扩大，邮政汇款单日益受到欢迎，这为捷运公司提供了一个很好的转变企业发展方向的思路。针对这种情况，捷运公司发明了自己的汇款单。这种“联邦捷运汇单”一经推出就取得了意想不到的成功，仅仅半年的时间就卖出了11959张。这一成功使捷运公司信心倍增，他们果断地抓住了这一机遇，迅速扩大汇单的销售区域，从其办事处扩大到火车站和杂货店，销量也因此进一步上升。此时，捷运公司已经从一家单一的运输公司开始涉足金融服务领域，公司也从破产的危险中脱身，实现了新的利润。

一次，捷运公司总裁费格从美国到欧洲去度假，他发现，在欧洲人们无法将自己的信用证兑换成现金，这又使他发现了一次改变公司经营路线的重大机遇。费格一回到公司就召开会议，直截了当地说明自己的想法：“在这次旅行中我遇到许多麻烦，我的信用证兑换不了现金。我觉得，如果美国捷运公司的总裁都遇到这样的麻烦，那么普通游客的难处就更大了。因此，我们必须采取措施加以处理才行。”后来，捷运公司通过一个简便的方法解决了这个问题，他们发行了一种专门用于旅行的支票，所有信用证的持有者只要在购物时签个字或在兑换现金时复签一下，就可拿到现金。这就是后来流行于全世界的“美国捷运旅行支票”。这项创新，使美国捷运公司的收益大增。因为常常有人遗失了支票或迟迟不兑换现金，这就使捷运公司每月销售的支票金额比其兑换的金额要大得多，出现了可观的现金结余，而这部分结余就成了捷运公司的利润来源。后来，在乔恩·弗雷德曼和约翰·米汉合著的《卡片宫》一书中，两人就对捷运公司的这一战略转变给予了高度的赞扬：美国捷运公司在偶然间创造了一种新的国际货币。

旅行支票的出现不仅加速了捷运公司向金融服务转变的步伐，同时也彻底改变了公司的企业文化。捷运公司由此变得更加注重顾客，主动为顾客解决问题，迅速抓住一闪即逝的机遇拓展自己。当捷运公司在巴黎开设了在欧洲的第一家旅行支票办事处后不久，一名叫威廉姆斯·丹利的员工就扩大了公司的业务，他开始在售票窗口卖轮船卧铺票，后来又说服了公司开设了“旅行部”出售火车票、办理全包旅行和其他一系列旅游业务。以解决游客为了兑换现金、邮寄东西、安排旅行、买票、咨询等等种种需求。20 年之后，这项与旅游服务有关的业务已经成了美国捷运公司的第二大战略支柱，其重要性仅次于金融服务业务。

捷运公司正是在这种不断的变革创新中发展了自己，他们的领导者带领他们不断发现、选择更适应环境变化的业务方式，这不仅使公司在竞争中很好的生存了下去，而且获得了很大的发展，也获得了更为广阔的发展空间，使公司从一家简单的运输公司发展成为如今这种企业规模，在市场竞争中奠定了地位。

因此，企业的领导者就要引领企业在不停发展变化的环境中保持一颗始终变革创新的心，只有坚持创新，坚持求变才能为企业带来持续的发展，才能让企业获得更有利的竞争地位，并在竞争中获胜。

第五章

远见卓识

——修炼自己的洞察力

洞察力是一种根据不断发展变化的主客观条件，随时调整自己领导行为的能力；也是复杂的现代领导活动对领导者提出的起码要求，更是确保领导者的战略决策能够获得圆满成功的先决条件。

平庸的管理者是保姆，卓越的领导者则是先知

如今存在的任何一种产业，在一开始都只是一种很偶然的现象，当先知先觉的领导者发现了这个机会后它才逐渐形成为一种行业，进而进化为一种产业。先知先觉者在其中发现机会，而后知后觉者则跟随而动，不知不觉者便成为消费的主体。

机会总是在不知不觉中出现的，但是先知先觉者却能在此之前就发现它们，并抓住他们。微软的比尔·盖茨，早在20多年前就看准了电脑软件的市场发展，在全球第一个推出了Windows软件，不仅成功建立起了自己的微软王国，更引领了世界潮流的发展方向。卓越的领导者都是先知，面对时代的发展趋势，在机会一闪即逝之间他们就能发现其中所蕴藏的契机，从而攫取每一次商机，成为时代的弄潮儿，竞争中的胜者。而平庸的管理者则恰恰相反，他们中的大部分只能是后知后觉的跟随者，追随着卓越的先知领导者的脚步。

这个世界从来都是先知先觉者领导后知后觉的人，再开发不知不觉者。"在趋势和潮流面前，谁先改变观念，谁就把握先机；谁先帮别人改变观念，谁就拥有市场。"先知先觉者在竞争中获胜的关键就在于一个"先"，他们能比别人更先一步发现商机，更先一步行动，也就必然

能更先一步获得回报。

因此，领导者就要让自己成为一个先知者，让自己更灵敏一点，知道哪里有商机；让自己更锐利一点，从繁杂的信息里捕捉到稍纵即逝的商机；让自己更透彻一点，看到别人看不到的商机；也让自己更果断一点，抓住可以改变世界的商机。

那么，一个先知先觉者需要具备什么样的素质呢？辞典中对先知的定义是这样的：那些知晓神秘奥妙的人，能凭直觉感悟真理。领导者作为企业的先知，也必须具备某些明显可辨的特质。

(1) 善于学习

企业的先知尤其注重通过学习来提升自我，他们通过学习来充实自己，提高自己的预判能力。同时，他们不仅自己勤学不怠，也乐于帮助他人学习，此外，先知还推崇通过调查和探索来先知先觉企业发展的商机。

(2) 反教条精神

企业先知往往挑战一切权威，他们反感企业的种种教条似的规章制度，也经常对有组织的宗教避而远之。这也就是说，他们努力避免接触导致各种不同信仰的宗教观念。摩托罗拉（Motorola）的（鲍勃）（Bob Calvin）曾说过，远离神学、避开可能彼此冲突的精神信仰，重视各种信仰的共通之处，这点对生意人来说很重要。

(3) 既能高瞻远瞩，又能脚踏实地

许多企业的先知既能把握眼前危机，看到事情的本质，遇事不畏首畏尾；又能预见到未来的各种可能性，提前预判，做出符合企业发展前途的规划。企业先知往往身具应变力、执行力、预判力等种种才能于一身。

（4）自律

企业先知还具有严格的纪律性，这种纪律性源自于他们内心的激情。他们对企业的前景激情澎湃，也享受这种激情所带来的乐趣。而自律就是保证激情存在的无尽源泉，实现对自己和他人的承诺，是企业先知成功人生的力量源泉。

（5）公正

严守公正是企业先知的另一个超人之处。他们说到做到，凡事恪守公正一致，从不口是心非。肯利仪器公司的肯·利维在带领其公司共渡难关时，曾在某次会议伊始宣布："今天我宣布全体管理人员减薪10%。公司里我的薪水比许多人高，所以我的薪水降低20%。"与会者非但没有抱怨减薪，反倒纷纷要求利维自己只减薪10%，但他仍不为所动。利维这一极为公正的措施顿时在公司上下引起轰动，员工的士气不仅没有因为公司的危机而低落，反而愈加高涨，终于使公司扭转了局势。

（6）自我平衡

企业先知也是一个注重生活平衡的人，他们在努力工作，带领企业走向更高层次的同时，也时刻注意自己婚姻、家庭、精神上的和谐与平衡，让自己以最完美的面貌去实现企业和自身的最大价值。

（7）勇于展现自己和发现他人最好的一面

企业先知的另一个重要特质就是善于展现自己以及发现他人内心深处真实的自己，也就是被成为更高层次的自我的一种人格，它代表了人内心至深处的真我。

当然，没有人一朝一夕就能成为先知先觉者的，企业的领导者只有通过日复一日的刻苦修炼，才能成为一个行业的跟随者，成为引领行业潮流的先知者。学习是成为先知者的必由之路，因为知识是每个人立足学习型社会的根基；而丰富的实践更能够磨练一个人的洞察力；他更要倾听，多与智者交流，多与优秀的媒体为伍，这样才能够开阔眼界，超越自身的狭隘。

这就是企业先知要走的路，虽然蹒跚，却充满激情；虽然困难，却充满了希望。

如何做一个先知先行者

没有人是一个天生的先知先觉者，所有先知先觉的领导者都是通过不断的自我修炼实现的。只有勇于面对自己的弱点，勇敢的挑战舒适的现状，才能成就一个先知先觉的卓越领导，否则，只是躲在自我的舒适区内，抗拒改变，只能是一个平庸的管理者，最后被竞争所淘汰。

人是善变的，同时也惧怕改变，这是因为我们害怕破坏现有的一切。我们习惯于躲在舒适区里自我保护，以防御伤害。或是因为某些陈旧的方法仍然可行，我们就不愿去寻找新方法，创造新思维，超越既有的经验。但这样是不对的，尤其是对于一个领导者而言更是如此，如果想成为一个先知先觉先行者，就必须去面对改变，主动改变。

主动改变

人愿意主动改变无非是出于下面两种情形：

◆讨厌现状到了无法忍受的地步，决定离开。

◆改变后的境界是自己衷心期盼的，所以决定改变。

大部分人都更喜欢第二种境界，但遗憾的是，我们大多因为第一种原因而改变自我。所以人们抗拒改变，因为改变会为他们带来不快的回忆。但事实呢？如果我们能放大自我的格局，就会发现改变并没有什么可怕的。如果我们坚持的是某种使命感——帮助每一个人实现人生理想，我们便会不断地调整脚步、求新求变、全力以赴。

控制改变

身为领导人，必须要能控制可能到来的改变，企业领导者所面对的竞争不只来自于同一行业，还包括国内外的其他系统、行业的挑战，因此，必须预先掌握变化的趋势，才能成为竞争中的赢家。

在这个过程中，领导者必须控制两种抗争：一是情绪抗争，一是理性抗争。理性抗争来自于我们对原则的坚持，而情绪抗争则是情绪对不良感受的表现。要控制改变，领导者首先要控制的就是自己有可能产生的情绪抗争的不良反应。

引导改变

领导者做好了接受改变的准备时，就要引导你的追随者接受这种改变，并为他们安排适当的工作来适应这种可能出现的改变。领导者要知道一个好的概念实施时，领导者的引导作用也很重要，这可以让他们更快地接受改变，适应改变。

掌握改变的律动

领导者不能忽略了改变时的律动，一般来说，企业改变的律动有两种不同形态，一是生产的律动，一般可以通过产品销售竞赛、推荐营销等活动持续发展；一是情绪的律动，属于非产品方面，偏向人际和谐的部分，可以通过设计联谊活动、交心时间等良性的沟通来控制。领导者必须掌握这两种改变的律动，毕竟这两种律动是组织成长的关键，企业再具突破性的新意，也要配合这些律动进行。

有所变，也要有所不变

领导者要主动改变，同时也要有所不变，比如对客户的承诺，公司的经营理念，文化价值。领导者应该清楚，改变的目的是为了让自己成为一个先知先觉先行者，让自己可以在改变发生前就发现它并控制它，但这一切的根源都是为了能让企业得到更好的发展，在竞争中获胜。

领导者要努力让自己成为一个先知先觉先行者，虽然并不是每一个人都能走到这个金字塔尖，成为先知型的领导者，但我们可以努力促使自己向这个方向发展，并以创新的思维、坚定的努力，为企业缔造新的高峰。

领导者要有超强的洞察力

洞察力是一种考验领导者的特定能力。洞察力往往体现在领导者对行业现有状况的特有分析能力，对行业发展前景的预测能力，对领导关系和下属关系以及他们之间关系状况的敏锐性等等。

我们每个人都有不同程度的洞察力存在，这是一个人在逻辑分析能力、知识技能、行业熟悉程度等方面综合作用下构造的能力。究竟什么是洞察力？洞察力，是指人的感觉灵敏、眼光锐利、反应迅捷，它的出现，往往是突然地出现，并非通过艰苦的努力才会呈现。往往是在某一刻突然间的茅塞顿开，障眼物全部消失，只剩下自己惊奇地站在那里，没有意识到一直以来结论就清楚地摆在自己面前。这并不像是找到了某种东西，而更像是完善，超越预先形成的概念。

对企业领导者而言，洞察力就是能够敏锐地发现利于利润增长的有意义、有新意的变革及其征兆，同时能够提出实现这一变革的设想、战略和切实可行的计划，这也就是说要有战略思维。洞察力对领导者而言是难能可贵的，是复杂的现代领导活动对领导者的素质提出的一条起码的要求，也是确保领导活动获得圆满成功的一个先决条件。

领导者洞察力的大小、正确程度取决于逻辑分析能力、知识技能、行业熟悉程度能力的高低，有时这些因素也会因某种能力相对太强而产生特有的洞察力。如逻辑性强的人往往更善于理清各种事务间的复杂关系，从而确定一条正确的关系作为发展线索；知识技能强的人则习惯站在更高的技术层次上把握技术走向；行业熟悉者可以从市场发展的角度看待问题。只要是具备强烈洞察力的人往往会对外界事物进行深入细致地了解，掌握最可靠、最直接的第一手资料，从而更好地实现企业竞争目标。

企业的领导者需要有敏锐的洞察力，这并非意味着匆忙地下结论和对一些微不足道的小事做出过敏的反应，更不是捕风捉影，无中生有，而是通过对对方言行举止的观察，分析和探询他内心世界的真实意图，来确定自己的思考和行动。

面对同样的情况，处理同样的问题，有的领导者往往能见微知著，料事在先，果断决策，防患未然；而有的却见事迟、行动慢，处处被动，贻误商机。这并不是因为前者的天赋高于后者，生来就拥有敏锐洞察力的领导者是凤毛麟角的，但敏锐的洞察力是可以通过后天的培养来造就的。

大约20多年前，史蒂文·乔布斯（苹果电脑现任总裁）的灵敏嗅觉让他意识到，个人电脑会改变整个世界。于是，他毅然放弃大学学业去追求梦想，从此也造就了全球个人电脑行业和曾经是全球第二大的电脑公司——苹果公司。苹果电脑成功后，由于在公司发展远景方面与董事会的冲突，乔布斯被迫出售股份离开苹果，但他仍没有放弃自己的梦想，凭着对IT行业灵敏的洞察力，在几乎耗光了自己所有的积蓄情况下，终于创造出了一系列全新的电脑技术平台和商业模式，并在十年后成功挽救了当时濒临破产的苹果电脑。或许乔布斯不是一个最成功的企业家，但没有人可以否认他是全球最有洞察力的企业家之一，正是他的敏锐创造了苹果电脑，也是他的敏锐挽救了苹果，更是他的敏锐带领苹果始终走在潮流的尖端。

可见，领导者的洞察力在企业的目标确立和发展过程中起着十分关键的作用，洞察力应用于领导企业的方方面面，观察业界的发展方向，发现竞争突破点，树立独树一帜的组织风格，确立产品的发展方向和服务范围，每一项改革和创新都是一次对领导者洞察力的检验。如果领导者不能依靠敏锐的洞察力发现机会，就无法把握形势，也无法形成有效的发展战略，更无法处理好企业发展的内在问题和外在矛盾。

那些具备敏锐的洞察力的领导者头脑中所想的往往是上乘的新产品、没有满足的巨大需求、不断变化的潮流、巨大的发展机会……因为他们看得清清楚楚，他们感到自己确切地知道必须通过做些什么来取得成功。这些存在于头脑中的洞察力使肯·奥尔森掌握到了如何生产比IBM便宜得多的计算机的办法，从而创造了数据设备公司；这也使梅里特·谢尔建造了小的新“购物区”，使那些因为郊外大型购物中心而黯然失色的小专卖店得以兴旺发展；这也让奥斯卡影帝罗伯特·德尼罗把布鲁克林海军造船厂变成东海岸成功的电影制片厂。

因此，一个想要企业在竞争中获胜的领导者都要注意培养自己的洞察力，要依靠敏锐的洞察力带领企业攀向更高峰。

（1）细心观察，用心感受。培养洞察力要依靠领导者自身的体会、感受、心得，领导者要用心体会生活，感受世界，认真学习、细心观察、勤于探索，用心去体验，这可以帮助领导者培养出很强的洞察力。

（2）经验和阅历必不可少。洞察力的提高和领导者的经验和阅历密不可分，往往这是成正比的，如果以为坐在办公室里打打电话、写写文章，就可以凭借自己聪明的头脑，较强的学习能力，洞察力就可以自然提高，那是不现实的，因为洞察力是从实践中感悟出来的。

（3）向别人请教。任何人都不是万能的，因此我们必须向别人学习。领导者的身边有许多人因为长期的实践，对市场认识很深，对问题有独到的见解，如果领导者注意向他们请教经验，这对提高自身的洞察力是非常有益的。

（4）善于积累，不断总结，增强自己的观察力和思辨力。领导者还可以通过生活中的方方面面来提高自己的洞察力，包括看电视、阅读报刊、通过网络教学学习、与各行各业的人士交流、学习专业知识等等。这些方式都能很好的培养洞察力。

（5）坚持。培养洞察力贵在坚持，千万不能自我放弃，而是应保持旺盛的精力，从而坚持下来。当遭遇了挫折和困难时，不断总结经验教训，并将其迅速转化为自己的知识和财富。

领导者要发展企业，敏锐的洞察力是必不可少的，而提高自身的洞察力，你所能依靠的只有你自己。

怀有远见的梦想家

每一个成功的领导者，都是一个怀有远见的梦想家，他们坚信伟大的梦想造就伟大的企业，铸造永久的辉煌。

远大的梦想有时就像行动的指南针，可以明确自己前进的方向，并为自己的事业发展提供一种强大的支撑力量。通用电气公司总裁杰克·韦尔奇就曾宣称：公司前进的第一步也是最重要的一步，就是要用概括性、明确的语言确定公司的目标。这个目标应该是远大的，而且必须是浅显易懂的，是明确而富有吸引力的，这样才能促进企业的进步。

比尔·盖茨从小的一个梦想是“在每个家庭的每张桌子上面都有一台个人电脑，而在这些电脑里面运行的是自己所编写的软件。”正是在这一伟大梦想的催生下，微软公司诞生了；整个世界也因此发生了巨变，软件业从无到有，并发展到今天这种蓬勃兴旺的地步；同时，也正是这个宏伟、远大的梦想造就了今天的比尔·盖茨。

联邦快递的创始人史密斯喊出了“自由的联邦，自由的快递”的口号，这远大的梦想也树立了联邦快递在世界快递行业的霸主地位。在快递行业中，没有一家公司可以和联邦快递相媲美。史密斯在接受《公司》杂志采访时说，一家企业，必须有一个宏伟的、远大的、冒险的目标，必须学会创新，要想生存，就必须如此。

就读于耶鲁大学的史密斯写了一篇经济学报告，他在其中勾勒出了一项隔夜递送服务的雏形——他要在美国人口地理中心处设立交换中枢，即使包裹只是由巴尔的摩送到华盛顿，也要绕道通过此中枢。可教

授认为他在胡说八道，理由包括联邦政府对航空公司的管制、所需要的资金极为庞大，以及一直存在的包裹运输服务的各大航空公司的竞争，他只给了史密斯“丙”的成绩。

教授的意见不无道理，事实也正如他所说的那样，在史密斯创建联邦快递公司之前，美国邮政局和联合包裹服务公司两家机构在这行业里已经做了大约八十年，这两家机构都具有强大的竞争力，其他人很难撼动他们强大的地位。

但史密斯却没有放弃，因为他有一个远大的梦想，教授的不认同并没有让他打退堂鼓。史密斯把他继承的全部财产850万美元，全部投入到了联邦快递公司。他的朋友、竞争者和媒体，所有人都说他疯了。然而史密斯却没有放弃，他只遵从自己的看法，时间证明了这是个英名的决断，历史也肯定了那宏伟的、大胆的、冒险的梦想，并让其实现。

联邦快递于1973年4月开始正式运营，最初几年，公司充满了痛苦和困难，破产的阴影随时笼罩在公司，挥之不去。在创立之初的三四年里，就有五六次曾面临倒闭的危机，但是史密斯没有放弃，梦想使史密斯变得极其自信，他坚信这一切早晚能够实现。联邦快递前总裁阿特·巴斯有一段话足以说明史密斯在这段困苦时期的魅力体现：“他不屈不挠的精神和纯粹的雄心和勇气，创下了奇迹。”这样的信心也感染了他的员工，他们绝对地信任他。联邦快递公司的顾客服务部经理海因兹·亚当这样描述：“如果史密斯叫联邦快递公司13000位员工排在孟菲斯的贺南多地索多大桥上，说：‘跳！’我相信绝大多数的员工都会跳下密西西比河的急流里，我们对他就是这么有信心。因为我们相信自己公司的目标是多么的伟大，并愿意为了这目标而把一切拿出来冒险。”

正是这种对梦想的信念让他获得了成功，1983 年，联邦快递公司成为美国企业史上营收最快突破 10 亿美元大关的公司，到 20 世纪 90 年代中期，营收突破 100 亿美元。现如今的联邦快递更成为世界上最大的快递运输公司，创业投资专家西尔弗评论说：“联邦快递公司是一个奇迹。”

史密斯的成功就在于他所拥有的远大的梦想，即使在他最困难的时候，仍然坚持自己的梦想不放弃，这才使得联邦快递公司有了如今的成就。

企业要发展壮大，没有远大的梦想目标是不可想象的，未来首先存在于宏伟梦想中，然后再存在于意志里，最后才变成现实。成功的企业无一例外地都拥有一个自己所要努力追寻的伟大目标，卓越的领导者也无一例外地拥有一个远大的梦想，这就是他的动力，他的方向。

成为一个愿景者

领导者有了远大的梦想，还要成为一个愿景者。领导者在规划着自己以及企业的愿景的同时，有必要让所有追随者看到达到愿景的过程，以激励他们为了这个愿景目标的实现而付出努力。

一个企业的领导者，必须能掌握企业成员的期待，并且拥有把这种期待变成一个具体愿景目标的能力。这是领导者的责任，因为大多数人只知道自己想要，却并不清楚自己想要的究竟是什么。

当拿破仑带领士兵进攻意大利时，他没有忘记鼓舞他们的士气："我将带领大家到世界上最肥美的平原去，那里有名誉、光荣、富贵在等着你们!"拿破仑是一个英明的领导者，因为他知道士兵们期待着什么，并将之具体地展现在他们的面前，以美丽的愿景来鼓舞他们，去实现胜利的目标。

设立远大的梦想并不是领导者的终极目的，瞄准后的射击才是他们想要的，那就是全力以赴实现梦想的行动。卓越的领导者深知单凭一个宏伟的、大胆的、冒险的目标是根本不可能成就一个伟大的企业的，梦想只是一个开端，而能否把梦想传达给所有的追随者才是成败的关键。

本田摩托曾一度在美国市场畅销走红，但本田宗一郎却突然提出了"东南亚经营战略"这个愿景目标，他倡议开发东南亚市场。可当时东南亚因经济刚刚起步，生活水平还处在较低水平，摩托车更是人们敬而远之的高档消费品。许多人对本田宗一郎的倡议迷惑不解，本田却拿出一份详尽的调查报告解释说："美国经济即将进入新一轮衰退，摩托车市场的低潮马上就会来临。假如我们只盯住美国市场，一旦稍有风吹草动就会损失惨重。而东南亚经济已经开始腾飞，只有未雨绸缪，才能处乱不惊。"他说服了公司里的管理层，本田也借此将摩托的重心转向东南亚。

事情果然如本田所料，一年半后，美国经济急转直下，许多企业产品滞销，库存激增。而本田摩托车此时开始在东南亚走俏，本田公司也因为已提前一年实行创品牌、提高知名度的东南亚经营战略，在东南亚市场收获颇丰，公司不仅未因美国的经济危机遭受损失，还创造出了许多销售记录。

本田之所以能在此次经济衰退中保持实力，应归功于本田宗一郎个人的愿景规划，首先他敏锐地洞察到了美国经济所存在的危机以及东南亚市场的潜力，并果断地说服企业管理层转移经营战略。他通过对东南亚市场的愿景描绘为企业在东南亚的市场前景树立了信心，并创造了佳绩。

领导，在管理学上的定义是“影响和推动一个群体或多个群体的人们朝某个方向和目标努力的过程”。领导者行为的核心就在于影响和推动，其特征在于能够担负愿景使命并使其他成员贯彻实施。领导者要为企业的发展预测和把握方向，包括发现并提出理念，倡导并形成行动，观察并解决冲突，调整并防止偏颇。优秀的领导者都是通过自己有效地阐述愿景来争取追随者的支持，实现远大的梦想的。

现代领导者的洞察力、远见力就在于对企业的愿景有一个清晰、明确的看法，它决定了领导者的工作能力，因为它通过描绘出未来前景的具体样子，来点燃人们的工作热情，驱使人们不断地向前进取。

如果说企业是一辆载满乘客的巨轮，那么领导者就是这艘巨轮的船长，他掌控着这艘巨轮的命运。领导者是企业行动的灵魂和精神领袖，这是领导者无可逃避的定位。一个成功的领导者是既懂得设计好自己的未来，又懂得设计好企业的未来的，并且他能够带领自己的追随者，以最大的能量，朝着既定的目标前进。

因此，领导者就要努力让自己成为一个愿景者，从时间、战略和全局上考虑和分析问题，抓住时机，确立目标。同时，力图将目标明确化、愿景化，使追随者真正理解愿景并建立信心，持久投入，使其成为整个企业的信仰和价值观。

一个成功的、优秀的、伟大的领导者，在进入企业伊始，所完成的第一项工作就是为自己和企业确立愿景目标，清晰地感受自己的责任。领导者应当能够看得够远、看得够清楚，并且能在惊涛骇浪之中、雾气迷茫之时挺身而出，迅速做出决策，朝着正确的方向前进，带领大家奔向目标，奔向胜利。

第六章

个人魅力

——修炼自己的亲和力

亲和力是领导者获得众多追随者的先决条件，也是赢得追随者诚心信赖的源泉。亲和力是领导者不可忽视的一种能力，是确保领导者的命令决策得以贯彻实施的关键。

热忱是领导者的力量源泉

增强领导的亲和力

善于让性格迥异的人追随自己

领导者应具备的形象标准

低调的工作作风造就成功的领导者

才识会赋予领导者不同凡响的魅力

自身修养是塑造领导者形象的关键

热忱是领导者的力量源泉

真正成功的领导者都知道这样一个获取成功的关键——无论是自身还是团队成员，都要充满热忱地去发掘他们无穷的潜力。如果领导者想造就一个强大的团队，自己首先就要对每件工作充满热情，即使碰到挫折、困难也不例外。联想集团的领导就曾经说，高层领导者必须要有事业心，中层领导者必须要有上进心，基层领导者必须要有责任心。领导者只有对自己所从事的事业充满热忱，才能充满了干劲，并得到满意的结果。

领导者的热忱不仅影响着自己的干劲，同时还被散发出去影响着周围的每一个人。一个没有热忱，不能通过自身的热忱燃烧起员工的工作热情，或者说不会激励员工的领导者是不可能成功的。热忱不是一种能被量化的东西，它也没有替代物，但毋庸置疑的是它是企业实现目标的力量源泉。

孙正义是日本著名的因特网公司“软件银行”的创立者。他约有40亿美元的财产，是日本最有钱的人。虽然他的名气远远比不上微软的比尔·盖茨或雅虎的杨致远，但他自称自己在因特网经济中拿下的份额超过以上二人，当然也超过这个星球上的任何人。

“软银”成立于1981年，孙正义起初的主要投资领域是出版业，后来他凭借着惊人的远见和魄力投资了最早的一批互联网公司，包括，Buy. com、E-trade、E-Loan、ZDNet等，这些公司后来都成为了著名的互联网公司。不过其中最让软银引以为傲的投资是拥有美国雅虎24%的股权及日本雅虎约50%的权益。如今，软银已成为互联网行业的一个庞大帝国，在全球各地拥有600多家互联网公司，俨然成为全世界新兴互联网行业的主宰。日本人为软银现象制造了一个新名词：“互联网财阀”，将其比做像三菱、三井这样影响日本社会的家族财团，但与他们不同的是，软银走到这一步只用了短短20年的时间。

孙正义投身于互联网行业，其主要目的并不是赚钱，而是源于他对这一行业的热忱。在他看来，互联网行业能让他兴奋，因为这是一项革命性的产业，足以改变世界的面貌。在这一点上，孙正义的确是一个充满热忱的人，而不仅仅只是一个有远见的精明投资者。

孙正义认为自己“钟情”于互联网，他说他每天“一醒来”第一件事情就是打开电脑，浏览新闻、收发电子邮件、与公司同事交流工作等等。他认为这是他一天中“最重要的事情”。在他看来，“互联网是（人类）历史上最重要的一个发明，比汽车、电话、电视的发明都要重要得多”。而投资于互联网，正源于这种对网络的热情，同时也让他淘到了盆满钵满的钻石矿。

孙正义投资于雅虎的经历正是他这种热忱的体现，当时，ZD负责人关于雅虎的介绍引起了他的兴趣，虽然当时的雅虎还只是一个由5名学生创立起来的不起眼的小公司。与杨致远等人的见面令孙正义喜出望外，谈话只进行了不到半小时，孙正义就说：“我要投资你们公司，1000万美元怎么样？”而事实上，当时他只是询问了几个最基本的问题：公司的团队怎么样？市场在哪里？能够为客户提供什么样的产品和服务？公司的远景如何？但正是因为杨致远的回答让他做出了决定，他认为“他们充满激情，对某一项专业技术非常着迷，为了实现一个想法，可以几天几夜不睡觉。”从某种意义上讲，除了雅虎本身非常特别之外，杨致远个人的疯狂又大胆的创意和对工作的热忱也与孙正义不谋而合。在参观了雅虎的办公室之后，孙正义很快就改变了注意，他告诉他们“我要投资你们1亿美元，只要能占到公司35%的股份，你们要多少钱都行，但是必须让你们的融资顾问告诉我值那么多钱的根据。”

回到日本后，当他向股东们宣布这个决议时，几乎所有人都认为他疯了，没有一个人愿意出来表态。最后还是孙正义本人做了决定“你们既然没有人出来表态，那就由我来决定，但是如果你们反对这样做，必须在今天告诉我不能投资雅虎这么多钱的理由。”结果一天过去了，谁也没有给孙正义打电话表示反对。

也正是因为这短短半小时的决定，让软银在未来的二、三年里有了几十倍上百倍的收益，而这就是热忱带给他的回报。现在，投资赢利模式清楚、有创业激情和技术基础的互联网公司是软银下一步投资的重点。针对互联网行业目前低迷的现实，孙正义信心十足。虽然现在互联网企业股价处于低潮，但他认为这恰恰正是软银投资互联网的“第二次机会”。互联网现在不是“故事的结束”，而恰恰是“故事”的开始。

某顾问公司曾经对数百家企业的1000个年轻员工做过一次问卷调查。其中，有一个问题是这样的：“你心目中理想的领导，该有什么条件?”让人有点意外的是，在答案中占最多比例的内容是：“强而有力，充满热情，令人值得信赖、依靠。”可见，热忱是追随者眼中领导者所必不可少的素质之一。

热忱是一种把事情做好的动力，不论是已经定义过或重新定义过的目标及挑战，如果领导者缺少了对它的热忱，缺乏实现目标的强烈渴望，就无法在出现阻碍时坚持下去，将事情做好。热忱能让领导者产生一种勇敢积极和脚踏实地的精神，鼓励他勇往直前，不畏牺牲和挑战，热忱又是一种汇集充沛的精力和无穷潜能并使其发挥最大效果的能力。

大部分的领导者都清楚热忱是自己的力量源泉，他们了解热忱正是催化、制造才能的重要因素，当这两种因素聚集在一起就会产生机会和能力。热忱是一种习惯、一种生活方式，一种经过深思熟虑而筛选出的生活哲学。它一旦成为领导者及整个企业思想中根深蒂固的一部分，那么，它也就成为了新习惯、新反应、新能力的源头，它所带来的是一种排山倒海般的内在动力，一种不向现实妥协的精神，一种为了求改变而不惜牺牲负重的意愿。

热忱或许是领导者感性的一面，但对于事业的成功，却是必不可少的。

热忱源于梦想：首先领导者要是一个怀有远见的梦想家，因为梦想是做一切事情的强大动力，有梦想才有可能激发自己的热忱。

热忱促进投入：有了热忱领导者才会真正的被一件东西所吸引，才会愿意不顾一切地去了解它，认识它，进而发展它。热忱使人能够忘却其他，全心全意投入自己的所爱。

热忱生成力量：热忱有时可能不能做出什么细致的分析，但它却能在不明所以的情况下给你力量，让你不害怕任何挫折，勇往直前。

热忱引发信念：当领导者对一件事有了热忱，并愿意去做，就会形成自己的信念，不达目的不罢休，信念是成就成功的一个极大动力。

热忱是领导者成功的力量源泉，当他全身心地投入目标时，支持他的正是那奋不顾身的热忱。

增强领导的亲和力

领导者的亲和力在企业管理工作中是必不可少的，因为当一个人充满热情的工作时，他就能感受到工作的乐趣，享受到工作所带来的利益，而这一切都需要依靠领导者的亲和力来激发实现。

领导者要学会如何增强自身的亲和力，这不是一日之功，而是一个十分漫长的过程，不能只做表面文章或是只保持三分钟热度。领导者必须让员工切实感受到自己是发自内心的关心他们，并以此来赢得员工真心诚意的信赖。

总部设在美国纽约长岛的美国冠群公司（CA）是目前世界上最大的商用软件公司之一，其公司业务遍布100多个国家和地区，它的老板王嘉廉就是一个浑身上下充满了亲和力的领导者。他没有一点老板的架子，完全把自己当作企业中的一个最普通的成员，与员工在一起时常常不忘幽默或自嘲一番，弄得员工笑得前仰后合。他还时不时有些轻松的小动作，例如会拍桌子叫好，会突然唱起歌，或把卫生纸揉成一团，以投篮的方式丢进垃圾桶，他的表情丰富，并善于运用很多的肢体语言，这些小动作及言语让所有和他接触过的员工都非常热爱他们这位老板，自然而然地产生了效忠力。

王嘉廉颇具人情味的亲和力正是CA发展的秘诀所在，对此，CA

资深副总裁麦可深有体会，CA 有一句名言，“鼻子被打破，员工被提升”，而他就是那个打破王嘉廉鼻子的“祸首”。那是一场篮球赛上发生的意外，那时他刚到 CA 不久，心想这回一定要被开除了。没想到在医院里王嘉廉还跟他开玩笑。结果麦可不仅没被开除，还因为后来的优秀表现被屡次提升。

台湾出生的 Jean，只是一名普通的电脑程序员。她说：“有一次，查尔斯（王嘉廉的英文名字）、东尼（王嘉廉之兄）和我在电梯内，查尔斯向东尼介绍我，我发现他对我的工作及个人状况相当了解，这让我产生了一种被重视的感觉。还有一次，闲聊中查尔斯问我是否会做烧冬瓜，后来我真的收到了他自家后院种的一只巨无霸冬瓜。身为大老板，他肯定不记得这些小事了，但这对我来说却非同寻常，你会觉得在这里没有像奴隶一样被对待，在 CA，人与人之间，除了金钱，还有很重要的东西——就是情感。”

同样身为华裔的林女士说：“查尔斯比我们直接的上司还容易相处。他知道你是谁，关心你的生活，他尽可能地照顾到每一个人，这真是很不容易。我有一些朋友在大公司做事，上层管理人员知道员工名字的很少，而查尔斯不但知道关于你的一切，还经常和你轻松地开玩笑，这真是很令人开心的事。”

王嘉廉的亲和力即使在正式的场合也运用自如。在一次信息高速公路的演讲中，他说：“我从未见过任何科技出过这么大的风头，每个人都在谈论它，从电脑刊物到晚间新闻，甚至我 76 岁的老母亲——她对个人电脑着迷，并常在国际互联网上搜寻新的事物——她也常常指导我如何做生意，不过那又是另一回事。”台下的那些 CEO 们听了他这番幽默的语言都忍不住大笑起来。

王嘉廉自己认为：“忠诚是一种美德，任何机构，无论是政府还是企业，均需要忠诚的员工。在这方面CA也尽力创造条件，令员工满意。首先，强化员工对其自身价值的认知，即在CA无论干什么都有自己的价值，这会令员工很有成就感；其次，给员工最好的薪水，CA员工的薪水比一般公司要高；最后，让员工感到快乐，只有快乐，才能干出漂亮的工作。”

正是王嘉廉这种充满了人情味的亲和力使CA的员工死心塌地地追随在他的左右，把CA发展成了世界上最大的商用软件公司。领导者要想获得更多的追随者，亲和力是不容忽视的，时刻保持亲和力也异常重要，因为这是加深彼此间感情联络的大好时机，也是让追随者死心塌地的秘诀。

不要错过与员工聚会的机会

当员工请你去参加他们工作之外的聚会时，最好不要拒绝，这是增加领导者了解员工并与他们进行沟通的大好时机，这样才能和员工打成一片。同时，你的参与也能让他们感觉到你的重视和尊重。

当员工邀请领导者聚会的时候，如果你没有表示应该去和很想去的想法，也没有提出充分的理由说明自己为什么不能去，只是以忙作为借口不去则根本不能令人信服。这会让员工以为你是在摆架子，使他不再有和你亲近的愿望，从此以后变得对你敬而远之。

有一位经理就以有事为由拒绝了员工的邀请，之后他不仅再也没有接到类似的邀请，整个部门的气氛也差了很多。有时，他明明听到员工们正在热烈地讨论什么事情，但只要他一跨进去，气氛就立刻冷却下来。他平时说些什么亲切的话，回答他的却总是一张一张讪讪的笑脸，这个问题正是出现在他的拒绝上。

在员工生日时送上真诚的祝福

聪明的领导者是不会忘记员工的生日的，更不会忘记在这时向他祝贺，这的确是进行感情投资，展现你的亲和力的好机会。一个蛋糕，一束鲜花，即便仅是一张贺卡，也能温暖员工的心，让他们感受到浓浓的人情味儿。

员工生病时不忘亲自探望

试想，你只是一位公司里的普通员工，当你住院了，你的领导买了礼物亲自前来探望是什么感觉？当领导对你说："平时感觉不到你做了多少贡献，现在没有你在岗上，才感觉工作没了头绪、慌了手脚。你安心养病吧，大家都盼着你早日康复呢！"这一席话一定会说的你心里暖融融的，他一定会感到自己在公司里的重要，不用说，今后对工作一定会更加努力。

对员工的家庭表示关心

家庭是员工最坚实的后盾，是员工安心工作的基础，领导者对员工家庭的关心，更会让员工无比感动。

玫琳·凯就深深懂得这个道理。当她得知公司一位机械师的兄弟患了致命的癌症，就给他写了一封信，鼓励他振作起来，勇敢面对死神。她的这种做法令这个机械师及家人非常感动，机械师说："我的家庭是我的后盾，总裁这么关心我的家人，我一定全身心投入工作，以此对总裁表示感谢。"

在细节上对员工表示关心

领导者还要能在许多看似平凡的时刻，或者一些不引人注意的细小事情上，体现出自己对员工的关怀，这会收到意想不到的良好效果。

美国斯凯特朗电子电视公司总裁阿瑟·利维在这一点上就做的很好。他为了研究一种新的显像管，雇用了国内首屈一指的著名物理学家、电子扫描管的发现人罗森博士。罗森博士有一个弱点，那就是他很怕黑夜、打雷，有一天夜里，风声大作，雷雨交加，房屋停电，到处漆黑一片。罗森博士吓得在床上缩成一团，利维冒雨跑进他的居室将他抱住，并小声安慰他。雷雨一夜未停，利维就陪了他整整一夜。从此之后，当利维需要罗森博士的时候，不管条件有多艰苦，他都会主动跑去为他效力。

尽量满足员工的特殊需求

当员工向你提出了一些他的特殊请求时，就尽可能去满足他，这会让员工感觉到你对他的善意，激发他为你工作的热情。

有一位新来的技术人员，正面临妻子临产，部门主管知道后就给了他足够的时间让他陪着妻子。此举让他很感动，他说："要是在原来的公司，我请这么长时间的假，不仅不会得到任何薪水，而且很可能因此而失业。"

总之，领导者要尽可能在员工面前展现你的亲和力，让他们感受到你的真情实意，他们才会追随在你的左右。

善于让性格迥异的人追随自己

优秀的领导者有这样一个特质：他们善于吸引性格迥异的人，并让他们追随在自己的左右。现任柯维美国领导力中心董事长柯维，曾协助过500家大型企业及众多中小型企业，教育单位、政府机关训练领导人才，他认为，“天才的领导者，他领导人会像风驱使云彩一样，并且可以使用各种方法，让性格不同的人为他服务。”

在所有成功的企业中，领导者无一不是管人的高手，他们最高明的手段便是在自己的身边聚集了许多的商业专才和管理精英，他们愿意追随在领导者左右，和他一起创造出一番成绩。

石油大王洛克菲勒就是这样的一位高明的领导者，说到追随在他左右的精英，首当其冲的便是安德鲁斯。自17世纪中期美国发现石油以来，敏锐的洛克菲勒便意识到石油开发是一个具有商业价值的投资领域，但由于当时没有人研究如何提炼及利用石油，他也不敢贸然进入这个领域。就在此时，安德鲁斯出现了，他成为了洛克菲勒的幸运之星。安德鲁斯是一位化学家，曾做过油页岩的研究工作。当他听说找到了石油以后，就有一种直觉：这种液体肯定有开发价值，并且首先创造了用亚硫酸气来精炼石油的工艺。后来他找到了洛克菲勒，给他演示了自己炼油的独特方法，并提出建造一座炼油厂的计划。在当时没有人对他的实验有兴趣的情况下，洛克菲勒慷慨解囊，不仅马上同意投资4000美元，一段时间后又出资扩充了炼油设备，使日产油量增至500桶，年销售额超出百万美元，而洛克菲勒本人也因此迈出了成为石油大王的第一步。后来，在安德鲁斯的一手设计和操作下，这个炼油厂先后分解出汽油、苯、煤油等新产品，1870年1月，洛克菲勒创办的俄亥俄美孚石油公司成立，总资产额达到了100万美元。

之后，洛克菲勒罗织了亚吉波多、帕塔森、多德，还有纽约州议员赫伯恩等人，这些人有着一些共同的个性特点：事业心强、有魄力，当然还有精明，最重要的一点是，他们在工作中自始至终保持真诚的合作，没有内部矛盾、仇恨或激烈的对抗。而由这些人所组成的行政管理班子更是非常能干和高效的，洛克菲勒也称这是他成功的秘密。

另外，洛克菲勒也注意用特别的方法对人才进行管理。有一次，洛克菲勒的干将贝特福特在经营中失败了，却出乎意料地得到了洛克菲勒真诚的赞扬。贝特福特回忆说："那天下午，我正在路上走着，突然发现洛克菲勒和亚吉波多两位就在我身后不远。我加快了自己的脚步，因为我实在不愿意细说我失败的情形。可是他们在后边叫住我，洛克菲勒在我背上真诚地拍了一下，他说：'好极了，贝特福特，我们刚才听人说起你在南美的事情了。'我心里想这可不是什么好消息，他或许要责备我了，或者已听说一些不准确的消息。然后我回答：'但是，那实在是一个极大的损失，我们只想法保存了60%的投资。'洛克菲勒马上说：'不错，但那已是难能可贵的了。全靠你处置有方，才替我们保全了这么多投资，你能干得这么出色，已出乎我们的意料了。"'洛克菲勒这番真诚的赞扬博取了贝特福特的感激和忠诚，使他死心塌地追随在洛克菲勒的左右，在以后的经营中，更为"标准石油公司"做出了巨大的贡献。

美孚公司的成功和洛克菲勒这种吸引人的魅力是密不可分的，正是由于洛克菲勒能吸引性格迥异的优秀人才追随在自己的左右，让他们成为自己的坚实伙伴，共同为了美孚公司的发展贡献力量，而他也把这些追随者们视为公司最大的财富。

优秀的领导者就是有一种吸引人的魅力，或许他们没有说什么也没有做什么，但就是让人愿意跟在他的身边和他一起战斗，或许这就是他们成功最根本的原因所在吧。

领导者应具备的形象标准

西方有句名言："一百个人就有一百个哈姆雷特"，这对领导者同样适用。世界上没有两个完全相同的人，同样也不会有一个适合所有人的领导者形象。成功的领导者成千上万，他们每个人都有自己独特的领导魅力。

◆拉里·博斯帝，联合信号总裁。凭借尖锐的言谈以及难以攻击的品行使他的管理者们连滚带爬地去达到他为他们设定的目标。博斯帝的领导风范使他获得了世界上最抢手的大公司高层领导行政管理人员的职位之一。

◆欧普拉·文弗瑞，哈波娱乐中心总裁。文弗瑞是世界最著名的公众人物之一，她的表演倾倒了成千上万的电视观众，有关她的表演的每一部小说都成了畅销书。她还是一位热心、富有同情心的老板，她的领导气质及权威性创造了一批忠实的信徒。

◆赫伯·开勒赫，西南航空公司总裁。开勒赫集坦率正直的喜剧家、市场天才和鼓舞人心的商业领导于一身，吸引住了他的顾客和追随者们。他成功的公司是在商业学校中被最广泛学习的公司。他那些令人难以容忍的举止（如亲吻男性和女雇员的嘴唇以及不停地吸烟）却得以被容忍和让人敬慕。

◆麦克尔·米尔肯，目前是他自己投资公司的主管并义务担任贫困孩子们的数学老师。在米尔肯过去辉煌的日子里，他年薪5亿美金。米尔肯自封为假债券之王，他迷惑了数以千计的财政专家，并使他们相信他是小型企业的救世主，甚至在他因犯法在狱服刑期间，他的一队追随者们还在不屑地证实他的伟大。

以此看来，领导形象是一种根深蒂固的个人特质，但它的某些方面却是共通的，是可以被学会的。领导的形象，是领导者留给企业成员或社会的整体印象，是通过领导者的思想和行为表现出来的一种综合特质。一个优秀的领导者必定有着他独特且鲜明的个人形象，让所有追随者为之痴狂。

（1）独特的工作作风

优秀的领导者都拥有自己独特的工作作风，鲜明的领导个性风格。有些人迅速、果断，一往无前，办事干练利索；有的人则大刀阔斧，擅长在艰难困苦的条件下开辟出新局面；有的人则以稳健的能力见长，稳扎稳打，干一件成一件。无论那种类型，领导者都应该有强化自己个性作风的意识，把自己的特点培育起来。

（2）发挥自己的能力优势

领导者要能充分发挥自己的能力优势，做出有别于其他团队成员的特殊贡献，这样才能使追随者信服。一个处在领导者位置上的人至少要擅长策划、决策、沟通与协调这几种能力，因为它们是做好领导工作不可或缺的能力。

（3）较高的自身修养

现代领导者应是T型人才，要以一种素质为主，同时辅以其他多种素质，只有这样才能形成自己的风格和特点，才能更好地发挥自身的领导作用。

领导者的形象具有放大效应、制约效应和导向效应，关系到企业发展的方方面面，更影响到了领导力的有效性。因此领导者要注意对自身形象的设计，要尽力塑造一个符合企业形象的领导形象。

低调的工作作风造就成功的领导者

成功的领导者首先是一个懂得自我修养的人，他具备了一个领导者所应有的良好的气质。他应该为人清廉、忠诚于事业、处事公道、对下谦虚，尤其是中国的领导者，必须要能获得良好的名声以及世人的肯定。一个只懂得追求名利、不守本分、贪得无厌、不知道吸取失败的教训、不顾别人的利益的领导者即使能一时获得权力，但必然也会恶名昭彰，为世人所唾弃。

张亚勤就是一位作风独特的领导者，这和他的低调作风不无关系。1999年，他刚回到北京不久，当时曾有细心的员工把他所获得的奖励都挂在公司墙上，可张亚勤见到以后又把它们统统都摘了下来，他似乎认为这是应该的，没有什么好炫耀的。

很多人传言，张亚勤现在的位置，本来是准备给李开复的。他们是两种不同类型的领导者，一些和他们都共事过的人这么评价说："他们完全不一样，李开复是那种说几句话就可以鼓动人心的领导者，而张亚勤却是那种用自己的行为改变周围的人。"张黔——香港科技大学计算机科学及工程学系教授，曾是微软亚洲研究院无线网络小组的主任研究员——认为，和张亚勤共事非常轻松，他会不时走过来拍拍你的肩膀，鼓励你任何一个微小的进步，他几乎从来不发号施令。

张亚勤刚到雷蒙德时，他在微软的实际工龄只有5年，而他手下的

4个高级经理的工作时间加在一起有近70年，因此，要率领这样一支队伍无疑是一个刁钻的问题。但是他最终搞定了一切，只用了3年时间就让Windows Mobile这只蜗牛变成了一头骆驼。而当别人向他请教是如何做到这一切时，他回答："我可以全部告诉你，但要记住，这不是我一个人搞定的。"

这就是张亚勤做领导的智慧和气质，他根本无需去鼓动别人，因为别人会主动追随在他左右。类似的领导者还有许多，或许他们的所作所为很少被圈外人知道，但他们的产品或是企业却是家喻户晓，比如强生的婴儿用品就远比他们的CEO William C · Weldon要有名得多，这类领导者的成功依靠的不是名气而是独特的气质。

追随者们需要的是那种拥有良好气质的领导者，这是因为他们无法喜欢那些品格上有明显瑕疵的人，更难以长期追随他们。一个领导者应该知道一个人即使职位再高也没有傲慢和自负的理由，你必须谨慎地看待自己的成就和能力，因为你所取得的任何成就，自己的功劳只占很小的一部分，而更多的源于追随者的努力，以及一点点运气。

拥有良好气质的领导者既不会把自己无限地夸大，同时也不会过低估计自己。谦虚和自卑是两个完全不同的概念，前者是一种美德，后者则是一种心理的扭曲。我们需要谦虚和谨慎的领导者，我们赞扬虚怀若谷，却不需要那种自怨自艾的碌碌无为者。

康熙在告诫雍正为帝之道时说了一句话："江山之固，在德不在险。"这简简单单的几个字就道出了守江山，做领导的真谛。若想成为一个合格的领导者，只有让自己"德高"了才能"望重"，才能使追随者发自内心地跟随在你左右。

才识会赋予领导者不同凡响的魅力

领导者必须要具备非凡的才识，这是让你具备不同凡响的魅力的捷径，也是让你拥有核心能力的关键。在现代社会，没有核心能力的公司注定失败，而一个没有核心能力的人则注定会被社会淘汰。所有优秀的领导者，都是拥有超凡魅力的人，而决定他的魅力的就是他的核心能力，他所具备的非凡才识。

在中国，陈嫦娟的名字并不像张树新、吴立宏那样广为人知，但她也是一个“大姐大”级的领导人物。这位独具魅力的女领导人凭借她在互联网领域的专业而扬名，但是有谁知道她原先只是一个没有大学文凭的普普通通的工人。

1978年，21岁的陈嫦娟上山下乡回来被分配到广州市电信局修配厂，是一名普通的工人，但到了1999年，她已经分别被中山大学和华中理工大学聘为兼职教授和博士生导师，并担任了原广东省邮电管理局副局长、世纪龙（21CN. COM）公司的副董事长。2000年，她在美国和来自各国不同行业的CEO们一道参加哈佛大学MBA培训班学习。这是6年来陈嫦娟的第二次脱产充电，而上一次学习的结果是她将互联网带进了广东电信。

2000年7月19日，中国电信集团广东省电信公司挂牌成立，陈嫦娟任广东电信副总经理，她的个人业绩令人刮目相看：1993年，首创全国200电话卡，仅这项业务在2000年就给广东电信带来10亿元人民币收入；1995 年，首创全国视聆通（163/169），开创了广东省互联网先河；1997 年，首创全国商业网；1998 年，首创广东省高速信息网；1999 年，创建 21CN 网站，这成为了华南最大的信息服务网站；在中国的邮电体系里，广东是第一个迈入互联网领域的。她认为这和广东电信一直“敢为人先，愿尝苦果”的传统有关。

陈嫦娟在广州电信局工作了 12 年，她经历了旋转的模拟交换机、嗒嗒嗒的脉冲声，程控机，20 世纪 90 年代语音的智能业务。在她 1995 年 3 月去加拿大、美国学习之前就已经知道了“互联网”，但并不清楚是什么技术，互联网的技术与通讯骨干网又有什么样的关系。当年学习回国后，她在了解互联网先进技术时决定要做互联网，两个月后就组建了宽带智能业务拓展办公室，简称“拓展办”。视聆通是“拓展办”成立后的第一个互联网业务。从选人选技术到开通视聆通仅仅用了 4 个月的时间，当年的 12 月 31 日，视聆通第一个结点正式完成，并很快覆盖广东 21 个地级市和 7 个县级市。陈嫦娟认为：“视聆通获得成功的关键就在于重视规划，紧跟技术走向，重视长远、持续发展。当时我们的蓝图已经规划到 2005 年，目标是建成华南地区信息枢纽中心、信息服务中心及电子商务中心。估计投资回收期为 10 年。”她将业务定位为做网络建设，成为骨干通讯网，包括 163 接入的主角，对专业应用 ICP 和电子商务则是秉持了开放的、联合的、合作的、积极的、主动的态度。

陈嫦娟在决定做 21CN 时就已经将目标锁定在做世界级的中文知名网站，她认为 21CN 是站在国有企业的角度做这件事，应该是国字号的综合门户。她说：“国企网站大有可为。国有企业特别是电信运营商的国有企业为什么不能在信息服务业有一席之地？国外电信运营商做不成一个世界级信息服务 ICP，中国就一定做不成吗？”陈嫦娟认为这是国字号网络公司的使命，同时也为这个“国”字号而自豪。

21CN 的成功就在于陈嫦娟个人不断学习新技术、新知识，并将其引入企业的经营发展。同时这也展现了她不同凡响的个人魅力，一个不断学习，不停提高自身才识的领导者正是企业所需要的，因为他能为企业带来无穷的财富，得到所有追随者的拥护。

知识对于我们人生的重要性无过于今日。在竞争如此激烈的如今，只有不断学习，提高个人的才识，增强核心能力才能立足于社会，得生存，求发展。企业也是同样的道理，要在领导者的带领下不断引进新技术，开发新业务，创建新模式，只有这样才能在激烈的竞争中占据优势。

自身修养是塑造领导者形象的关键

领导者自身的修养对于领导力的影响是十分关键的，GOOGLE 中国区的领导李开复将“人品”列为一个人才所有的素质之首，超过了智慧、创新、情商、激情等等，这样的观点对领导者同样适用。日本三洋电机的总经理井植薰也有类似的观点，当有人问他“你们三洋公司生产什么产品?”他会这样回答：“也生产电器产品。”针对这个“也”字，他会解释出三洋成功的奥秘：“我们还要塑造人，更要制造社长，制造总经理。”

井植薰于 1950 年创建了三洋电机公司，当时的资金是 2000 万日元。十几年后，井植薰便在香港建立了三洋分公司，成了三洋在海外的第一家子公司。随后，又在台湾、新加坡、马来西亚、印尼、肯尼亚、加纳、加拿大、巴西、美国等地建立了分公司。三洋电机海外企业的直接生产销售总额达到了5000亿日元，雄踞全日本榜首。整个三洋集团的年销售额也高达1.5万亿日元（约合110亿美元）以上。三洋电机株式会社是名副其实的横跨三大洋的跨国集团公司。

三洋电机的成功和井植薰本人是密不可分的，他坚信：要想塑造他人，必先塑造自己。只有将自己塑造成一名称职的企业领导人，才有充分的资格去教育和培养他人，劣质的总经理想要“制造”优质的属下是绝无可能的，劣等的经营者也绝对领导不了一家优秀的企业。在他看来，领导者自身的修养是十分重要的，他所讲的塑造自己也不是一句空话，他总是努力自我约束，为员工做出表率。

井植薰每天上午去公司上班的时间可以精确到以秒计算的程度，天长日久，公司大楼的门卫都把他当成了标准的时钟，每当他的身影出现在公司大门前，门卫就会有意无意地伸手看自己的表，嘴里老是“真准时啊”地说个不停。这还只是件小事，作为企业的领导者他更是把自己塑造成模范遵守企业规章制度的典范，“欲善人，先律己”，这是井植薰常常挂在口头的一句话。有一次他在演讲时说了这样一段话：“你们的企业在制定各种规章制度的时候是否想过，谁最应模范地遵守这些制度？如果你认为，企业的规章制度只是一种控制属下和员工的手段，那么你就大错特错了，错到了足以使你的企业一蹶不振的地步。如果你认为，公司的全体成员包括企业主和总经理在内都应遵守公司的规章制度，那么你就对了大半，你的企业还有希望。只有你清醒地认识到，作为企业主必须比其他所有的员工更加模范地遵守一切规章制度，并且为此而坚持不懈，你才具备了承担企业领导职务的基本条件，你的企业才能兴旺发达。”

井植薰作为三洋公司的总经理，通过言传身教，身体力行着三洋公司“造就他人，塑造自己”的经营理念。他经常因为出差无法出席公司的重要会议，这时他就会让人把会议过程全都录下来，回来后听录音了解情况。除此之外，他还把公司的各种演讲活动、教育中心的各类讲座都录下来，以供他随时听阅、学习。除了各种录音资料外，他还经常剪报。有一次，一位记者看到他成堆的剪报资料后说：“下次我再要查资料，就上您这儿来，您这儿比图书馆还要方便齐全。”井植薰的种种做法既是为了提高自己的工作能力，同时也是通过自己的行为启发公司干部处处注意培养自己的工作能力。他认为这是人才培养的一个重要环节，也是“欲善人，先律己”的经营思想的另一种反映。

井植薰能模范示人，没有良好的个人修养是难以想象的，正是他优秀的个人修养让他可以做到“欲善人，先律己”，他通过他的种种作为向企业的员工呈现的是一种强大的领导形象，在他的带领下整个三洋电机的领导层都展现出这种强大的领导力。

领导者要向你的追随者展现自己的良好修养，并带动他们也形成这种修养。企业间的竞争归根结底是要靠人来实现的，当一个拥有良好个人修养的领导带领着一队同样拥有良好修养的追随者时，企业的竞争力必然会无比强大，并在竞争中占据着巨大的优势。

Part Three

第三部分

修炼领导力，提升竞争力——领导者的管理技能修炼

领导力的提升不仅仅体现在领导者个人素质的修炼上，管理技能的提高也同样重要。领导者必须不断修炼自己的管理技能，让自己的领导技能符合现代管理学的要求，为企业做出最契合的战略决策。

第七章

激励能力：成功领导的法宝

激励能力就是领导者通过设计适当的外部奖酬形式和工作环境，以一定的行为规范和惩罚性措施，借助信息沟通，来激发、引导、保持和规范企业成员的行为，以实现有效的组织及其成员个人目标的一种能力。

引导一个良性竞争的风气

领导者有责任引导企业良性竞争的风气，竞争是激发员工潜力最有效的方法之一，一个拥有公平竞争氛围的企业是最能给予员工安全感的，员工在这样的环境中也可以全心全意地为企业付出，并创造出乎意料的成绩。

海尔集团在张瑞敏的带领下创造了从无到有、从小到大、从弱到强的发展奇迹。海尔集团从一个亏空147万元的集体小厂，一举成为了中国企业中的翘楚，张瑞敏本人也屡获国内外大奖，成为中国企业家的代表和领袖人物。

张瑞敏最让人称道的领导理念就是“人人是人才，赛马不相马”，他在海尔集团实践的赛马机制是一个人才发现与培养的动态过程，是一个实践——认识——再实践——再认识的过程，同时也是一个引导良性竞争的机制。

这一机制最初体现在海尔内部实行的“三工转换制度”，将企业员工分为试用员工、合格员工、优秀员工三种不同类型，三种员工间实行动态转化。通过细致科学的赛马规则，进行严格的工作绩效考核，使所有员工在动态的竞争中提升、降级、取胜、淘汰。成绩优异者，试用员工可以转为合格员工乃至优秀员工；否则，不努力者，就会由原来的优秀员工转为合格员工或试用员工。更为严格的是，每次考评后都要按比例确定试用员工，实行末位淘汰，如此一来，人人都有危机感。在海尔集团中“今天工作不努力，明天努力找工作”这一理念就被树立了起来，所有员工都有了竞争意识。

海尔的赛马制度是全方位开放式的，集团内部所有的岗位都可参赛，岗岗是擂台，人人可升迁，而且向全社会开放。在这里，没有身份的贵贱、年龄的高低、资历的长短，普通而有能力的员工可以升迁为管理人员，平凡而有才华的农民也可以走上领导岗位。每个走进海尔的人都被这里这种竞争向上的氛围、朝气蓬勃的气息所深深感染。

在张瑞敏看来，相马是将命运交给了别人，而赛马则是把命运牢牢掌握在自己的手里，所以他倡导“赛马而不相马”。海尔的赛马，遵循着“优胜劣汰”的铁的规律，任何人都不能满足于已有的成绩，只有创业，没有守业；只有进取，没有退缩，谁要是守业就要被严酷的竞争所淘汰。在海尔，人们的竞争已经上升到了精神的竞争，每个员工的心中都装着神圣的海尔事业，并不断进取，不断创业，让海尔始终立于不败之地。

竞争，最重要的就是让每一个员工都感到自己被公平对待，通过公平竞争所选拔的人才才能让所有的员工都心服口服，才能让员工认为命运是真正由自己主宰的，每个人才会愿意使出浑身解数，发挥最大的能量为企业服务。

和海尔类似，美国最大的邮政快递、物流跨国公司——联邦快递也一直秉承着这种公平竞争的精神，让所有员工都能感到自己被公平对待。他们通过严格的制度让员工来评判自己的管理者，以保证领导者的公平。

联邦快递制定了严格的制度，以严格训练和密切监督每一位管理者为切入点，每一位管理者每年都要接受上司和下属的全方位评估，如果一位管理人员连续几年所受到的评估都低于一个预定的数值，那么等待他的只能是解雇。员工们每年会收到一份调查问卷，问卷里面一共有29道题，其中前10题都与其直接主管有关，比如“主管做事公平吗”这类的问题，接下来的问题一般会涉及到直属上司的管理态度，以及公司的一般情况，最后一题则问公司去年的表现。公司在收回问卷后则将调查结果按不同团队做成表格，并列出各位主管的成绩。前10题的综合得分为领导指标，关系到公司300位高级主管的红利，这一部分可高达资深主管底薪的40%。如果某位主管的领导指标不合格，就拿不到这笔红利。联邦快递的这项制度对所有主管而言就意味着他们必须要引导一个公平的良性风气。

企业需要一个公平竞争的环境，要能够建立起完善的制度，对表现好的员工能够及时表彰，而对工作表现欠佳的员工能够迅速处理，这样就能极大地满足员工的心理需要。对员工而言，很多时候，心理上的满足要远远高于物质上的满足。只有领导者公平地对待每一位员工，引导他们进行良性的竞争，才能推动企业不断发展，为企业带来无穷的活力。

让员工成为企业的合伙人

在当今这种竞争激烈的环境中，员工是否能投入的工作对企业的生存和发展具有十分重要的影响。员工是否投入的工作取决于他们从领导者那里得到的尊重，尊重员工是人性化管理的必然要求。只有员工的人格受到了尊重，他们才会真正感到被重视，被激励，做事情才会真正发自内心，愿意和企业融为一体，站到企业的立场，主动与领导者沟通想法探讨工作，完成企业交办的任务，心甘情愿为工作团队的荣誉付出。

因此，领导者应该把如何强化员工的归属感视为自己的重要工作内容。如何让员工感受到自己被尊重，并建立起真正的伙伴关系，则是使员工投入工作的关键所在。在这点上，全球零售业巨头沃尔玛公司的做法就相当值得学习。

沃尔玛的山姆·沃尔顿认为，要想彻底执行“顾客就是上帝”的经营理念，就必须依靠与公司有关的所有人——员工、供应商等齐心协力地工作才能实现。要想实现协同作战，就必须把员工看作合伙人，实现企业与员工的双赢。在他的带领下，沃尔玛始终把员工作为企业的合伙人来对待，管理者与员工间的关系是真正意义上的伙伴关系。沃尔玛所有的经理人员的制服上都有刻着“我们关心我们的员工”字样的钮扣，他们更是时时注意倾听员工的意见。

为了贯彻山姆·沃尔顿这一理念，沃尔玛实行了“利润共享”政策。沃尔玛认为，如果公司与员工共享利润，不论是以工资、奖金还是以红利、股票折让等方式，流进公司的就不仅仅是源源不断的利润，员工们更会以主人翁的态度和责任感来不折不扣地对待顾客和为顾客服务。正是员工这种无形的精神投入，给企业带来了巨大的效益和良好的信誉，只要员工能始终如一地善待顾客，他们就会经常光顾本店，这也正是连锁店行业利润的真正源泉所在。现如今，沃尔玛公司已有超过80%的员工或借助利润分享计划，或通过员工认股计划直接拥有公司的股票，这使公司和员工结成了一个真正意义上的利益共同体。

除此以外，山姆·沃尔顿还重视对员工的精神鼓励。他在沃尔玛的总部和各个商店的橱窗中都悬挂着先进员工的照片，对那些特别优秀的管理人员还会授予其“山姆·沃尔顿企业家”的称号。

最能体现沃尔玛把员工视为合伙人的是其挽留人才的制度——门户开放政策，这一政策确保了任何员工无论何时何地，一旦有关于自己或公司的意见、建议、想法、投诉等，都可以以口头或书面的形式报告公司管理层，而不必担心遭到打击或报复。沃尔玛专门设立了负责这项事物的工作人员，他们从事员工关系工作，受理投诉，听取员工意见，确保每一位员工离职前都有机会与公司的管理层进行坦诚的交流和沟通，以便了解每一位员工离职的真实原因，以更有利于公司制定相应的人力资源策略，并竭力挽留。一方面这可以将员工流失率降到最低限度，另一方面即使员工离职也可以让其成为公司的另一名顾客。

沃尔玛正是凭借这些举措赢得了员工对企业的忠诚，虽然他们的工资在同行业中不是最高的，但员工却以在沃尔玛工作而快乐。因为在沃尔玛他们不只是一个简单的雇员，而是企业的合伙人，是企业真正的主人。这样一来，他们的积极性和主动性被大大激发了，主动提出各种合理化建议，努力节约各种成本，真诚地为顾客服务。在全体员工的共同努力下，沃尔玛展现出了强大的生命力和发展动力。

在知识经济的今天，员工带给企业的是企业发展壮大最重要的资源——创造力和知识。任何轻视、不尊重员工的行为都是有害的。没有员工付出的时间、精力和知识，企业是绝对无法赚到钱的，因此，企业就必须像对待其他合伙人一样对待员工，实现合作的双赢，这样才能获得丰厚的利润回报。

员工不是一台大机器上的某个零件，而是企业内最富有活力的细胞体。把员工当作合伙人，把员工和企业紧密地联系在一起。员工们才会将公司看成是自己的，对公司的认同感才会大大增强，才能够有效的激发他们的创造热情，全力以赴于自己的工作，为企业创造更大的价值。

让员工了解自己工作的价值

员工努力工作的动力早已不再是单纯的物质和金钱了，精神上的激励更为重要。人人都渴望成功，渴望受人尊敬，因此领导者要充分给予员工这一感受，认可他们的工作成绩，承认他们的工作价值，并使他们从心底里焕发出工作热忱，这往往是一种更有效的激励。自觉主动地工作远胜于被动被迫的行动。

领导者要努力让员工了解自己的工作价值，这对在工作中树立起使命感，产生前进的动力十分重要。诺德斯特龙公司的总裁吉姆认为，每一名员工都应熟知公司的经营宗旨，每一名员工都要尽力帮助公司实现“成为一家无条件服务的零售店”的目标，这就是所有诺德斯特龙公司员工的价值所在。他也通过这种思想来引导员工，使他们能够在工作中进行自我管理。

有一次，一个人问他："如果遇到一位顾客想退一件明显已经穿过的衣服时，你的员工会怎么做?"吉姆非常自信地回答："坦率地说，我不知道我公司的员工会怎么做。但我坚信，这事会得到很好的处理，顾客也会觉得受到很好的接待和服务。最后衣服是否能够退，那就要看具体情况了，我们的员工明白自己应该怎么做。因为我们把员工当作销售的专家，他们需要的是基本的指导原则，而不是具体的规定。在诺德斯特龙公司，只要遵循我们的基本价值观和标准，你就可以做任何完成工作所需要做的事。"

的确，只要员工了解了自己工作的价值后，他们就会做出正确的选择来改进自己的工作。惠普的一名员工承认，在访问过顾客之后，他变得更乐于为顾客服务了。而当自己被拉去和上层一起制定计划时，也变得更加有责任感，更加关注公司的经营状况了。其实每一位员工都是一座有待挖掘的宝藏，领导者只有充分地挖掘才能让他们发挥出自己最大的潜能。而挖掘宝藏最有力的工具，莫过于让员工明白自己所做的事的价值。

最优秀的领导者就是能够充分调动员工积极性的人，他们总是能够让员工明白工作的价值，竭力让员工认识到，工作就要尽心竭力，全身心地投入，并将自己最大的能量发挥出来，在工作中找出值得自己奉献出生命的价值。

石油大王保罗·盖蒂就是这样一位优秀的领导者。保罗·盖蒂曾派乔治·米勒去勘测管理洛杉矶郊外的一些油田，米勒是石油行业一位十分出色的人才，而且勤奋、诚实，所以保罗·盖蒂对他十分信任，并对他寄予厚望。可是结果却令保罗·盖蒂很失望，他在米勒到任后一个星期便到洛杉矶郊外的油田去视察，结果发现那里并没有发生多大的改变，油田的利润依然没有提高，浪费及管理不善的现象仍然极其严重，员工和机器更是存在闲置现象，工作进度非常缓慢。他还得知米勒整天都待在办公室里看报表，很少下工地管理。针对这些问题，盖蒂要求米勒进行改进。

可是，一个月后，他再次到工地视察的结果仍然没有什么太大的变化。于是盖蒂有点生气，但冷静思考过后，他坚信米勒是有才干的，之所以发生这一切或许是自己的原因，因为自己没有让米勒了解工作的价值，这才是主要的原因。

盖蒂认为，人的行为动机、动力和利益都是密切相关的，动机和利益一致了就会产生动力。因为油田是自己的，关系到自己的切身利益，每次才能发现那么多的问题，找到许多地方可以减少浪费、提高产量和增加利润的。如果自己能够让米勒也明白他和油田是切实有关的，他必然也会主动工作的。于是，盖蒂决定进行一次大胆的尝试，目的是让米勒明白自己工作的意义，激发他的工作积极性。

盖蒂找到米勒，直截了当地对他说：“我打算把这片油田交给您，从今天起我不再付给您一分钱的薪金，而是付给您油田利润的百分比。这正如您所想的安阳，油田愈有效率，获得的利润当然愈高，那么您的收入也就愈多。您同意我这个做法吗?”

米勒认为虽然这对自己是一个压力和挑战，但同时亦是一个展示自己才干和谋求发展的机会，于是他简单思索了一番便欣然答应了。从那之后，由于油田的盈亏与米勒的收入有切身的关系，米勒对工作变得积极投入了，好像换了一个人似的。他对这里的一切运作都精打细算，对员工严格管理。遣散了多余的人员，使闲置的机械工具发挥最大的效用，重新安排和调整了整个油田的作业运行，减少了人力和物力的浪费。他还改变了过去那种长期坐在办公室里看报表的管理办法，几乎每天都到工地检查和督促工作。洛杉矶郊外的油田的面貌一天天地改观了。

仅仅两个月，这里就发生了翻天覆地的变化。当盖蒂再次去洛杉矶郊外的油田视察时，他高兴极了，这里再也没有那种死气沉沉的景象了，到处充满着生机。更重要的是，油田的产量和利润也都大幅度增长了。而造成这一切的原因正是由于米勒明白了自己的工作价值，他的潜能得到了充分发挥，使这里的景象彻底地改变了。

可见，当领导者让员工明白了自己工作的价值后，就会从内心产生一种驱动力，自觉地工作，充分发挥自己的能力，激发出成倍的能量，从而取得很好的工作成绩。领导者应该让员工明白，他们的工作并不平庸，他们并非为了企业或是老板在工作，他们的努力终究会获得回报，更重要的是这证明了他们自己的人生价值。

用“挑战性”激励员工的战斗性

领导者激励员工应该学会利用对方“取胜的欲望”。每一个人都有自尊心和自信心，每个人都希望自己能够“站在比别人更优越的地位上”，或“被当成重要的人物”。从心理学上说，这种潜在心理就是自我优越的欲望。人的成长正是由于这种欲望的作用，在“取胜的欲望”支配下，人们才会努力成长，乐于接受挑战。

这种欲望也应该成为领导者的杀手锏，利用员工的这一心理激发起他们的干劲。通常员工都很在意其自身价值的实现，并强烈渴望得到领导者的认可。几乎每一个人都热衷于接受更具有挑战性的工作，他们愿意把克服难关当作一种乐趣，一种体现自我价值的方式。

通用电气的前任总裁杰克·韦尔奇说："做成事情的最好办法就是使他们感到一种挑战，激起其取胜的欲望。"

查理士·斯瓦普是一家连锁工厂的大老板，厂里的工人总是不能很好地完成生产指标，这已经严重影响到了公司的业绩。斯瓦普对此十分不解，他认为工厂的负责人是一位能干的人，不应该出现这种情况。一次，他十分生气地责问该厂的负责人："怎么回事？像你这样能干的人，为什么不能使工厂完成规定的生产指标呢？"

"我不知道。"负责人回答说，"我曾严厉地批评他们，扣除他们的奖金，甚至恫吓他们，但无论采用什么办法也没有效果，他们就是不愿干活。"说话间，上白班的工人下班时间到了。斯瓦普看了看工人，对负责人说："给我一支粉笔。"然后，他转向旁边的一个工人，问道："你们这班今天做了几个单位？"

"6个。"

于是，斯瓦普便在地板上写了一个大大的"6"字，然后，一句话也没有说就走了。当夜班工人进来时，他们看见地板上这个"6"字，便互相询问是什么意思。

"总裁今天来这里了，"白班的人回答，"他问我们做了几个单位，我们告诉他6个，他就在地板上写了这个6字。"

第二天，斯瓦普又来到工厂，他惊奇的发现，夜班工人已将"6"

字擦去，而是换上一个大大的“7”字。当白班工人来上工的时候，他们看见的是一个大大的“7”写在地板上。

“他们以为比咱们做得出色吗？好吧，给他们点厉害看看！”白班工人的求胜欲望也被激发了起来，他们更加努力地工作，在下班前，他们留下了一个神气活现的“10”字。

……

就这样，这家工厂的业绩一天天好起来，不仅没过多久就赶上了其他工厂的业绩，而且还大大超过了他们的效益。

每个人都有热衷于挑战的欲望，但往往这种欲望埋藏在人们的内心深处，需要依靠外力来激发。优秀的领导者都很善于利用这种欲望，他们通过一点点压力来激起员工的“取胜欲”，迫使他们努力挑战自我，取得更大的成绩。

压力其实是一种挑战，如果领导者学会通过压力来施予员工动力，让他们感受到挑战的激情，激发起工作的热情，往往就能取得出乎意料的效果。压力实际上是一种动力，如果一个人没有一点工作的压力，就会失去前进的动力，这实在是件十分可怕的事。领导者要记住，只有赋予员工具有适当压力的工作，才能激发起他们前进的力量，往往压力越大，所取得的成就也就越大。

成就无论大小都要肯定

在今天这个日新月异的经济社会，一个企业要想生存，并增强自己在同业中的竞争优势，就必须不断发掘并利用员工的潜能为企业服务。员工期待的是认同和欣赏，领导者就必须学会了解和肯定他们的成就，以此来激发他们为企业服务的动力。

惠普就善于通过认可员工的成就来鼓励他们更好地工作，这种做法可以让员工感觉到自己受到了重视，自己的工作成绩得到了认同，从而增加自信心与责任感，安心为企业服务，为领导者工作。

像惠普这样的高科技企业，一个微不足道的细节差错就可能致使产品全盘皆错，对惠普的产品而言，每一道工序都是至关重要的，每个人的作用也都十分关键。因此，惠普的历任领导者都非常注重肯定员工所取得的成绩，以便让每一个岗位上的员工都感到自己很重要，让他们愿意展示自己的最佳成绩，尽可能地发挥潜能。

戴维·帕卡德有一次在一位工厂经理的陪同下巡视车间时看到一位机械技工正在磨光一个塑胶模具，于是他便停下脚步观看。机械技工已经花了相当长的时间来磨光，现在正在准备做最后的修整。这时，戴维不假思索地伸出手，想要用手指去摸那只模具，机械技工马上呵斥他道："把你的手指头拿开，别碰我的模子！"陪同的经理斥责他："你知道这个人是谁吗？"机械技工生气地回答："我管他是谁！"虽然他的态度非常差，可戴维一点儿都不介意，并且告诉对方，他是对的，他有一份重要的工作，他应该以他的工作为荣。

惠普对员工的认可和欣赏还表现在对员工的信任上。惠普的领导者深知，要完成公司的目标，就必须得到公司各层员工的理解和支持，相信他们，允许他们在致力于自己或公司目标的实现中有充分的灵活性，从而帮助公司制定出最适于其运作和组织的行事方式和计划。为此，他们全面开放了自己存放电器和机械零件的实验室备品库，这种开放不仅允许工程师在工作中任意取用，而且还鼓励他们拿回家供个人使用。惠普认为，不管工程师们拿这些零件做的事是否与其工作有关，但只要他们摆弄这些东西就总能学到点有用的知识。

在领导层信任员工的同时惠普还鼓励员工之间的相互信任，这是一种类似于家庭的信任感。如果一个人在某个工作场所能够将笔记本电脑或者钱包不假思索地放在桌上便离开去干自己的事，这就是在家的感觉！

在惠普，实行的是弹性工作时间制，只要每天工作满 8 小时就可以离开，去做其他的事。员工的薪水也相当高，而且他们能够分享惠普的成就——惠普会大方地让员工认股，或者让员工分享相当于其底薪 4% –20% 的利润回馈。这些都是因为惠普的领导层知道物质和金钱同样是肯定员工取得的成绩的重要方式。

惠普公司圣克拉拉分部的一位经理简洁地描述惠普的风范：“如果你进入国外机场，或者位于南非的惠普办公室，你会发现同样的特征：‘我能为您倒杯咖啡吗？我能帮助您吗？’这里是个大家庭，就是如此简单。我在这里工作了三十多年，常常见到比尔和大卫。我们每个人都以第一个名字相称，被同样期待去完成任务，而且了解自己的岗位，这和在家里没有什么不同。”无疑，是惠普领导者的尊重让他得到了这种感受。

肯定员工取得的成绩，使他们感到自己被尊重，从而满足其希望被认可的愿望，往往就是最好的激励方法。而正是这种做法使惠普取得了巨大的成就，也使他们拥有了极高的员工忠诚，更大的工作热情以及极具活力和进取的精神。

用“危机感”激发员工的潜力

“心存危机者才能生存”，这是英特尔的总裁安迪·格罗夫送给全世界领导者最好的经营理念。随着市场竞争的加剧，企业面临着越来越复杂多变的经营环境，其风险不论从种类上、复杂性上、不确定性上都是有增无减。领导者只有随时保持危机意识才能引导企业趋利避害，在竞争中求发展。

具体到员工个人也一样，每个人每天都面临着巨大的竞争，如果不提高自己的能力就随时可能被社会淘汰。因此，只有那些充满了危机感的员工才能不断挖掘自己的潜力，让自己永远站在潮流的前列。领导者要学会用“危机感”来激励员工，一个充满了危机感的员工才会随时充实自己，努力学习、努力工作，为企业奉献出自己的力量。

山东曲阜三孔啤酒集团的成功经验就是领导者熟练运用这种“危机激励”的结果。1987 年，停产两年的曲阜化肥厂被改建为啤酒厂。之后的 10 余年间，曲阜啤酒厂由一个年生产力不足万吨的小厂发展为一家大型企业，并成为山东省产量最大的啤酒生产企业之一，投资回报率连续 5 年名列山东省同行业之首。短短 10 余年间，山东曲阜啤酒厂从一家负债 100 万元的国有企业发展成总资产 4.6 亿元的大型股份企业。

1987 年，改建厂伊始，原先 500 多名员工走得只剩下 200 多人。新上任的厂长宋文俊非常熟练地运用“危机激励”这一激励方法，面对危机的企业内部形势和变幻的企业外部环境，他不断强化企业员工的危机意识，使全体员工看到实际存在的危机会时刻制约着员工的生存和企业的发展，从而激起他们的斗志，使他们合力奋进，最终渡过难关，创造了佳绩。

宋文俊上任之初，在内部进行了劳动人事制度改革，这一改革使每个员工都产生了一种危机感：每个员工首先是企业的员工，然后才是国家的员工，员工若不能服从企业的安排，就要失去饭碗。他就是用危机意识激励起每一个员工内在的潜力，从而为曲啤的发展提供了一种推动力。

1997 年，在全国啤酒市场疲软，许多中小啤酒厂纷纷转产、停产的大形势下，宋文俊力排众议，做了一次颇为冒险的举动：投资 1600 万元新增 3 万吨的生产能力，他认为，危机就是危险加机遇。往往是人处在危急的时候才被逼迫着寻找新的机遇。这次举措又是一次危机激励，这使曲啤人被迫在市场需求不旺的时候积极主动地去寻找市场需求，从而保持了企业在整个行业不景气的时候，仍能凭借激励的力量获得飞跃式的发展。

宋文俊的危机激励取得了显著的效果，曲啤也一举成为国内领先的啤酒企业，创造了巨大的经济效益。

激励的目的其实就是使员工能为企业的发展贡献最多的力量，领导者要做的就是抓住员工最关心的问题予以刺激，从而激发他们更大的工作激情。

一个没有危机意识的员工，是不能获得事业发展的主动权的；一个没有危机意识的领导者，也不可能制定出合理有效的战略发展目标，更不可能带领企业在市场竞争中获胜。因此，只有一个懂得并擅于利用“危机”激励员工的领导者，才能发挥出员工最大的潜力，才能战胜对

手，成为强者。

适度激励应建立在完善企业的激励机制上

要想让企业发挥最大的优势，就要为员工注入工作的动力，不断激励他们，使他们提高工作热情。这就要求领导者必须站在一套完整的企业激励机制的高度上来实施员工激励，刺激他们的工作热情，提高他们的工作动力。

企业的激励机制中最核心的就是员工的晋升机会和合理的薪酬制度，这是促使员工努力工作的最好动力。在这一点上，施乐公司和 IBM 就给其他企业做了很好的榜样。

施乐公司的晋升制度是这样的，他们把能够提拔、晋升的员工分为三类：需要督促工作、能胜任工作、工作模范。其中，需要别人督促工作的员工很难获得提升；一个人起码能胜任工作，才有可能成为较低层次上的经理；而只有那些能够成为公司工作的典范，积极投入工作的员工，才能被提升到公司最高层的领导岗位上。这种晋升制度给员工造成了这样的影响：由于晋升的机会把握在自己的手中，如果表现良好就能得到迅速的提拔，于是每位员工都以极高的热情投入到工作中，人人充满了热情和干劲。在公正合理的晋升机制之外，必不可少的就是与之相适应的处分机制，在这一点上施乐公司也做的很好。对那些表现不好的员工，他们也注意相应地采取降职的处分。

霍尔·朋特就是其中的典型，霍尔是施乐公司的一名销售员，他每天都充满激情，工作积极并且善于动脑。他每天都在外面奔波销售，他的妻子总是在他的车里放上一大罐柠檬，这样他可以吃上一整天，而不必吃午饭。即使在街道上散步，他也会观察两旁的建筑群，思考如何使每一幢建筑里的每一个单位都成为施乐复印机的用户，最后他获得了提升。

施乐公司的人员升降机制使施乐的每一位员工对工作充满了挑战意识，他们相信施乐最终会变得十分强大而且能获得更大的发展。奖优罚劣的制度，使施乐公司充满了竞争和活力，也增强了员工的成就感和使命感，使他们觉得自己的工作直接和公司的命运相连，自己的价值更是得到了公司的重视和承认，这种自我满足感又成为他们动力的源泉。

IBM 则是运用薪酬激励的典型，IBM 的薪酬管理非常独特和有效，能够通过薪酬管理达到奖励进步，淘汰平庸的目的。IBM 的员工十分关心自己的工资卡，因为这直接反映了自己的工作状况，自己过去工作得怎样。IBM 员工的薪酬跟员工的岗位、职务、工作表现和工作绩效有着直接的关系，和工龄长短和学历高低则没有必然联系。在 IBM，学历是一块很好的敲门砖，但决不是获得更高待遇的惟一条件。

在 IBM，有一个独特的制度——个人业绩评估计划 PBC，这是一个参考指标，只要是 IBM 的员工，就有这项个人业务承诺计划。通常这是通过员工个人和经理一起坐下来探讨的结果，一般制定一个一年期的合同书，这样员工和公司都会非常清楚这一年的工作及重点。到年终时，直接经理会在员工的合同书上打分，以此来决定员工个人的薪酬多少。IBM 的每一位经理都掌握一定的打分权力，他可以分配他领导的那个组的工资增长额度，并有权力将额度分给不同的人。

IBM 的这种薪酬制度是通过有竞争力来吸引和激励表现优秀的员工继续在工作中保持高水平，并使员工时刻感受到压力的存在，同时受到鼓舞和激励。

合理的激励制度对员工的激励作用是不言而喻的，这既是对他们过去工作的肯定和补偿，也是他们对未来努力工作得到报酬的预期。晋升或是薪酬并不仅仅代表了员工的劳动所得，同时更在一定程度上代表着员工的个人价值，以及企业对他们工作的认同，甚至有时候代表了员工的能力、品行和发展前景。这样的激励方式，能够从不同角度激发员工的工作欲望，充分调动他们的工作积极性，坚定他们的工作热情，为提高企业的竞争力打下坚实的基础。

第八章

沟通能力：领导者必修的一门学问

有效沟通是企业不可或缺的重要环节，对企业的生存和发展起着关键的、决定性的作用。领导者沟通能力的强弱直接关系到企业沟通机制的有效与否，不容忽视。

没有不能沟通的员工，只有不会沟通的领导

领导者应该是一个沟通的高手，沟通甚至可以说是领导者的第一要务。其职责就在于启发、鼓舞员工，带领、指导并聆听他们，通过彼此的沟通使员工了解他们的工作，把目标具体化，并付诸实行。

事实上，所有优秀的领导者都是沟通的大师，通过沟通，他们使员工了解了企业复杂的战略目标，并付诸实践，最后创造佳绩。在他们传递心中的想法时，所有的听众、追随者都能够听懂、接受并且实行，同时自发地激起发自内心的共鸣。

有一家公司的 CEO 有一个关于沟通不利的深刻教训。

虽然这位 CEO 不是常年在公司，不能和他的员工经常见面，但是他却致力于培养一种开放的沟通环境。而且，为了显示这项政策的优先性，所有员工在收发室都能看到一个印着“非机密”字样的印戳。

每天早上，他和他的秘书在阅读完信件后，他便让秘书在所有的信件上盖上这个“非机密”的戳，然后告诉秘书全公司的员工都可以和他一样了解该信件的内容。他认为通过信息共享就可以起到良好沟通的效果。

可是这枚“非机密”的印戳却起到了适得其反的效果。这家公司的员工并没有如他所想的那样充满了干劲，反而他们认为公司非常森严。“没有人和我们分享任何东西。”一个员工这样说，“我们所见到的一切就是这些标有非机密字样的资料，我们没有得到任何有价值的信息。”这代表了大部分员工的心声，在他们心里，在公司大楼的某处还有一枚刻有“机密”字样的印戳，它所接触的全部是他们所不被允许知道的东西，但事实上这根本是不存在的。

没有不能沟通的员工，只有不会沟通的领导者。一扇关闭的办公室的门可以把不同的信息传递给不同的人，一些人会理解这是一种隐私的需要，是将注意力集中在某些重要的事情上的需要，是通过消除因公开造成的注意力分散来提高生产率的需要。但是，在另外一些人看来，这表示领导者不想与其交往，避嫌或是冷淡，或者不愿意回答刁钻的问题，或是不愿意回答某些自己不得不尴尬地承认自己不知道答案的问题。因此，领导者就必须学会如何沟通。只有高效的沟通才能产生高效的领导力，才能产生高效的竞争力，获取竞争优势。

沟通艺术最重要的一点就是把注意力放在沟通的对象上。若领导者不能先了解对方，就绝不可能高效地进行沟通。因此，领导者在准备沟通前，一定要先问问自己这样的问题：我的听众是什么样的人？他们可能有哪些疑问？我想达成什么沟通目标？我有多少时间进行沟通？……一个卓有成效的沟通者，必须是一个听众导向型的沟通者，如果你说的是他们想听的东西，他们自然会认真与你沟通。

记住，沟通的目的是为了促成行动，只是抛出大量信息的沟通并不是真正意义上的沟通，你还必须让你的听众有所感动，有所行动。如果能够做到这点，你就获得了真正的沟通能力，你的领导能力也会逐步迈向新的台阶。

建立高效的沟通机制是领导者的责任

领导者为了吸引更多杰出的员工，畅通高效的沟通机制是必不可少的。如果员工和领导者之间可以形成通畅的双向沟通，领导者就可以清楚地知道公司里发生的事情，获得关键的决策信息，并及时发现和解决危机。高效的沟通机制也是领导者寻找创意和员工参与管理的最有效的手段，这可以让员工更主动地投入到企业的运营发展中去。

美国沃尔玛公司总裁山姆·沃尔顿就说："如果将沃尔玛体制浓缩成一个思想，那一定是沟通，因为它是我们成功的真正关键之一。"沃尔玛通过各种方式来实现与员工的沟通，从公司股东大会到极其简单的电话交谈，乃至卫星系统，他们通过这些方式来向公司的所有员工公布公司的业务指标。沃尔顿认为只有员工知道自己业务的进展情况，他们才能最大限度地干好工作，以及自己的工作成绩将会怎样影响到公司。而且，不仅仅是业绩指标，每一件与公司有关的事都被公开，比如自己所在商店的利润、进货、销售和减价情况等，以便于员工知道公司的处境。除此之外，管理者还会向员工推荐一些已经被证实的、更加高效的工作方法，以便于员工提高自己的工作效率。

正是这种良好高效的沟通对员工产生了极大的激励作用，给他们带来了巨大的精神鼓舞，员工通过自身的参与和工作被肯定，使他们感觉到自己对公司的重要性，进而产生取得佳绩回报这种肯定的愿望。

IBM 自创立时起就十分注重保持员工与高级管理人员之间沟通的顺畅。为此，小沃森不断地寻找方法保持被他称为小公司的态度，他一方面调动公司的决策层利用各种渠道听取普通员工的意见，另一方面则继续坚持老沃森留下的“敞开大门”的交流措施。小沃森认为，敞开大门认真听取员工意见是最直接最有效的培养员工主人翁精神的方法，也是最好的沟通方式，这是用其他办法所无法办到的。

在IBM，有意见的员工可以首先向他们的直接主管诉说苦衷，问题如果得不到解决，他们就有权直接找到小沃森。这种制度不但为员工们伸张了正义，而且还有助于公司的高层领导者发现一些内部潜在的问题。

有一次，IBM波基普西工厂的一个即将被开除的机工找到了小沃森，他愤愤不平地说：“主管待人不公平！我干的活比车间的任何人都多，而我拿的工资却最少！”小沃森立刻打电话给那位经理，该经理却在电话那头辩称自己之所以那样做是因为这位机工不是IBM保护协会的会员。这件事使小沃森敏锐地察觉到IBM保护协会在一定程度上伤害了那些毫无过错的非会员的利益，调查也证实了他的想法，之后，他便做出了将工资同效益挂钩的决策，打破了IBM保护协会会员与非会员的界限和差别。

尽管不是所有员工都会直接找小沃森本人沟通，但拥有一条谁都可以直接与最高领导人面谈的途径，这使IBM的员工备感安心，他们会在遇到问题的时候理直气壮地找到自己的上司沟通、解决问题，而在这种制度下，大部分的问题都被圆满解决了。

企业内部的顺利沟通是十分必要的，这不仅可以使领导者利用各种渠道听取普通员工的意见，从而做出正确的决策；同时也可以减少企业内部的矛盾和冲突，促进领导者与员工之间的相互了解、相互帮助和相互交流，使他们发挥最大的作用，实现团队的整体目标。因此，建立一套高效的沟通机制是所有领导者的重要课题，这能够满足员工渴望与企业沟通的需求，使他们更积极地投身到工作之中。

让员工畅所欲言

沟通和反馈是公司运作的纽带。领导者要知道，好的制度要想发挥作用必须能得到彻底的贯彻施行。只有所有员工真正能够且愿意畅所欲言，才能使沟通制度发挥作用，才能真正达到领导者设想的沟通效果。

微软就很鼓励员工们畅所欲言，对公司在发展中存在的问题，甚至领导者的缺点，员工都可以毫无保留地提出批评、建议或提案。之所以能做到这点，是因为比尔·盖茨明白，只有人人都能提出建议，才能说明人人都在关心公司，公司才会有前途。

很多企业都存在一种强势逻辑，认为使用经过长期的经验积累和验证沉淀下来的方法才是最正确的，这没错，但在无形当中也限制了对新方法的寻求。一旦市场状况发生变化，而企业内部没有及时察觉、应变，原来的成功经验反而会成为阻碍企业发展的绊脚石。从这个角度看来，管理者更应该鼓励员工畅所欲言，帮助员工打消顾虑、大胆发言，以便集思广益，为企业的发展出力。

在这方面，杰克·韦尔奇就做出了表率。他担任通用电气总裁后，力争把通用打造成一家“没有界限的公司”，于是，“毫无保留地发表意见”就成为一条重要的工作准则。

每年通用电气都会不定期地召开约有 2 万到 2. 5 万员工参加的“大家出主意”会，每次与会者大约50 到150 人，主持者引导大家坦率地陈述自己的意见，以期及时找到生产上的问题，改进管理方法，提高产品和工作质量。韦尔奇要求各级经理都要参加到基层的“大家出主意”会中，他还以身作则，带头示范，在会议上也是认真倾听。

这一活动给企业员工的精神面貌带来了很大改善，也给公司带来了生机，取得了很大成果。有一次，一个员工提出在建设新电冰箱厂时，可以借用公司的哥伦比亚厂的机器设备。哥伦比亚厂是生产压缩机的工厂，与电冰箱生产正好配套。如此“转移使用”，就可节省一大笔开支。而这样生产的压缩机将是世界上成本最低而质量最高的。

此后，韦尔奇还研究出了很多让员工畅所欲言的好办法，他经常举行各阶层职员参加的讨论会，与会者在会上要做三件事：动脑筋想办法；如何取消各自岗位上多余的环节或程序；共同解决出现的问题。最基本的模式是大家七嘴八舌发表意见。后来这逐渐上升为一种管理理念，成为了通用电气走向成功的基石。

这种让员工畅所欲言的激励方法，增强了员工对企业的主人翁意识。韦尔奇说：“90 年代，我们通用电气公司具有创造这样一种公司气氛的根本性的机会。在这种公司气氛下，毫无保留地发表意见在文化上是可以接受的，讲真话受到奖赏，而对下属一味喊叫的上司们则不会受到奖赏。”

而足以让员工畅所欲言的就是一个充满民主氛围的企业，这可以帮助员工摆脱各种顾虑，充分运用自己的智慧进行大胆发言、创新，为发现企业所存在的问题，寻找企业发展的新思路出力。

领导者应致力于为员工提供一个畅所欲言的机会，虽然员工的“真心话”不一定都是真知灼见，但一定是他们的肺腑之言，领导者只有听到了他们的真心话才能使企业的各项决策做到有的放矢，才能避免因主观武断而导致决策的失误。

善于与下属架起一座“心桥”

几乎所有的员工都认为领导者博得他们尊重的重要原因是“沟通、采纳意见和愿意倾听”。可见，沟通能力是领导者化解矛盾得到人心的前提，一个善于与员工沟通的领导者其工作效果和人际关系都会得到显著的提升，更会在员工心里架起一座心灵的桥梁。

老干妈公司的创始人陶华碧，她是一位没上过一天学，仅会写自己名字的农村妇女。但是她白手起家，在仅仅6年间，就创办出了一家资产达13亿元的私营大企业“老干妈”公司！她是怎么做到呢？又有什么绝招和窍门呢？

事实上，她的成功很大程度上就得益于她既朴素又管用的“绝招”：重视与员工的沟通，并努力在员工心底架起一座“心桥”。陶华碧十分关注员工个人的需要，总是在人们想不到的地方关心人，体谅人。

公司有一位来自农村的厨师，父母早丧，家里还有两个年幼的弟弟，可他爱喝酒，爱抽烟，这样一来，每月1000多元的工资，几乎全被他花光了。陶华碧知道这个情况后，十分担心，终于，有一天下班，她专门请这位厨师去喝酒。

在饭桌上，她对他说：“孩子，今天你想喝什么酒就要什么酒，想喝多少就喝多少。可是，从明天开始，你要戒酒戒烟。因为，你还有两个弟弟，你要让他们去读书，千万不能像我一样大字不识。”这番语重心长的话，使这个厨师深受感动，当即向她保证一定戒酒戒烟。陶华碧对此还是不太放心，她告诉他，以后发工资每月他只能留200元零花，其余的钱则由她替他保管；什么时候弟弟上学要用钱时，再从她那里支取……

这样的事情在陶华碧身上还有很多，试想，一个大企业的董事长，有谁能像她这样为一个普通打工仔理财？像她这样从细微处关心每个员工？而她之所以能做到这些，就是因为她明白这样一个道理：帮一个人，感动一群人；关心一群人，肯定能感动整个集体。果不其然，她的这种沟通奏效了，老干妈公司的业绩节节提升，而在员工的心目中，陶华碧也像妈妈一样可亲可爱可敬，在公司里，没有人叫她董事长，全都叫她“老干妈”。

可见，领导者进行的感情沟通所获得的回报是非常可观的，它可以有效地激发员工的潜力，使员工产生强大的使命感与奉献精神。而得到了感情沟通的员工，在内心深处更会对领导者心存感激，认为有知遇之恩，因而“知恩图报”，更加尽心尽力地工作。

这种感情沟通，也会使员工产生对企业的强烈“归属感”，而这种“归属感”正是员工愿意充分发挥自己能力的重要源泉之一。所有人在得到了来自领导者的感情沟通时，他们的心理无疑会更安稳、更平静，从而专心地付出自己的力量与智慧。

同时，感情沟通，也可以有效激发员工的开拓意识和创新精神，不至于出现“前怕狼后怕虎”的情形，工作起来也就更高效。这种依靠感情建立起来的信赖可以有效消除员工心中的疑虑和担心，从而更愿意把自己各方面的潜能都发挥出来。

因此，越是卓越的领导者越善于与员工进行感情上的沟通，这样能使员工感受到自己受到重视与关爱，感受到心灵的温暖，因而愿意踏实工作、尽己所能，充分发挥自己的潜在力量，为企业尽心尽力。

人非草木，孰能无情。领导者有必要与员工架起一座“心桥”，让他们感受到你的关心和关注。也许一次不经意的帮忙，一次小小的赞扬，都可能使员工产生愉悦和感激之情，从而为企业创造更大的价值，取得更大的成功。

让员工参与进来

让员工参与决策是沟通的另一个重要方面，领导者如果希望提高企业的竞争力，提升自身的领导力就必须让员工参与到企业的管理与决策中，这种“全员参与制度”能够有效激发员工的潜力，为企业创造巨大的效益。

玫琳·凯女士就曾说过：“一位有效率的经理人会在计划的构思阶段，就让部属参与其事。我认为这是很重要的，所在，我总是愿意甘冒时间损失的风险。如果你希望员工全力支持你，你就必须让他们参与，越早越好。”

福特公司的总经理贝克就深谙此道。他总是努力让工人参与公司的决策，并虚心听取他们的意见，积极耐心地着手解决每一个存在的问题。贝克还和工会主席一道制定了一项《员工参与计划》，并在各车间成立由工人组成的“解决问题小组”。

福特公司经常出现这样的情景：在员工要求下召开的越级会议中，员工可以直接与高于自己几个级别的管理者进行会谈，尽情表达自己的意见，而管理者必须尽快给出该问题的解决方案。这种情况的出现是因为福特公司认为，工作在第一线上的员工更熟悉生产情况，他们完全可能想到经理们所想不到的方法来提高劳动生产率。因此，让员工参与决策能够更迅速有效的解决生产中的问题，不仅如此，这种做法还可以对工厂的整个生产工作起到积极的推动作用。

福特公司还大胆打破了“工人只能按图施工”的常规制度，他们把设计方案摆在所有工人面前让他们进行集体讨论，每个人都可以提出自己的见解和意见，改善设计上的不足，结果取得了非常显著的效果。福特公司生产的兰吉尔载重汽车和布朗I型轿车就是这项制度实施的明显例证，在这两辆汽车的设计讨论中，工人们提出的各种合理化建议共达749项，经研究最后共有542项被采纳。

还有一次，工人海纳姆针对在装配车架和车身时的不合理工作方式提出了意见。过去工人总是站在一个槽沟里，拿着沉重的扳手，仰着头把螺母拧在螺栓上。这种做法很容易让人感到疲劳，因此大部分人都马马虎虎地尽快拧完了事，对汽车的质量有很大的影响。海纳姆认为：“为什么不能把螺母先装在车架上，让工人站在地面上就能拧螺栓呢？”很快，他的建议就被采纳了，结果不仅降低了工人的劳动强度，又大大提高了质量和效率。

正是员工们的积极参与决策给福特公司带来了巨大的利益，福特汽车也因此变得质量更好、更科学合理。福特的员工骄傲地说：“我们的兰吉尔载重汽车和布朗I型轿车的质量完全可以和日本任何一种汽车一比高低！”

在瞬息万变的市场面前，企业无论在技术上还是市场策略上，都面临着越来越大的挑战。面对这些困难，赋予员工参与决策的权力，可以缩小员工与领导者的距离，培养员工的独立性和自主性，从而产生强大的凝聚力，激发员工的忠诚和奋斗意识，推动企业的发展。

成熟的领导者都是善于倾听的大师

现代的领导观更强调领导者倾听的重要性。倾听在现代管理中肩负着很重要的作用，其一，可以给人留下深藏不露，稳重含蓄和较为权威印象；其二，通过倾听可以充分了解员工，掌握关于对方的多方资料；第三，倾听还有助于领导者建立一个好人缘。

倾听是沟通的一种十分重要的方式，领导者只有学会倾听，学会让别人说，而不是自己自顾自地说来说去，才能拉进与员工之间的距离，才能让对方对你信服。所有成熟的领导者都是善于倾听的大师，只有通过倾听，我们才能知道对方的真实感受，才能让对方真正接受你的意见。

玫琳·凯在《玫琳·凯谈人的管理》一书中在谈及倾听的影响时，写道："我认为不能听取部属的意见，是管理人员最大的疏忽。"她是这么说的，也是这么做的。玫琳·凯的企业之所以能够迅速发展为拥有众多美容顾问的化妆品公司，其成功秘诀之一就是她十分重视每一位员工的个人价值，并且清楚地了解员工需要的不仅仅是钱和地位，也需要一位真正能"倾听"他们意见的领导者。因此，玫琳·凯女士严格要求自己，并以自己的实际行动使所有的管理者铭记这条金科玉律：绝对不能轻视倾听的力量。

我们往往能发现这样一个事实：善于倾听的管理者通常都能够获得较好、较高的职位，其升迁速度也往往比那些忽视倾听的人更快。

李先生是一家电子公司的营销主任，他在这方面就相当具有工作技巧，我们可以来听听他是怎么说的：“每当有一个怒气冲冲的员工到我这里告状时，我都会像接待一个重要人物那样对待他。我会把他当作公司的董事长或者一个大股东那样来看待，我先请他坐下，这让他感到很惬意，然后再给他端上一杯咖啡或一杯茶。尽量使他心平气和下来。

“之后，等他平静下来后，我再让他讲述他的不平。我告诉他我一定会从头到尾听下去。当他述说中，我认真地听他讲话，绝不打断他。在对方心里，有重要的人物肯听他说话，能以同情的心情听他诉苦，这就会使他感到莫大的安慰。当他讲完，我就告诉他：‘我完全理解你的心情，如果我在你的那个位置，或者情况反过来，恐怕我也会有那样的感觉。’

“往往我这么做了，他的气也就消了一大半，这是他原本没有想到的。他原以为我不会站在他的立场说话，我们之间肯定会形成对立的局面，可我竟然替他说话了。他原本打算和我吵一架，可现在他发现吵不起来了。

“接着，我问他在这件事上我能做什么，而这更完全出乎他的预料，因为很少有管理人员问员工他能为他做点什么，而总是他告诉员工他该去做什么。我们的这种做法不会写在公司的员工手册中，我们也不会告诉一个员工我打算为他做什么，但我们会问他希望或是需要我们为他做什么。而往往这样做会导致这样的结果，他告诉我：‘唉呀，李先生，我真不知道该怎么说，我不是那个意思，我只是想来说说我的难处，讨个说法，并没有想让您怎么样，您既然已经听了我的话，这就足够了，我已经满意了。’当然，有时也有人告诉我希望我为他做什么，但绝大多数时候，我发现他们的要求比我能够提供给他们的低得多。所以，当我给予比他们的要求多得多的时候，他们就会感动的不得了，他们会真正感觉到公司或者管理部门的慷慨和善意，他们都会十分满意地离开我的办公室。

“你看，这样他们就把自己的问题解决了，他们也势必会对最后的结果感到完全满意。说实在的，我的工作极其容易，我只要竖起两只耳朵听，之后我就问他需要我做什么，再之后，我就帮助他得到他所需要的。”

李先生的这番话，对每一个管理者都是真正的金玉良言。那些杰出的成功人士们，十之八九都是典型的“最好的听众”。因此，你也要学会以下几种有效倾听的技巧，做一个好的听众，一个成功的管理者。

（1）创造有利的倾听环境

选择安静、平和的环境，容易使说话者与倾听者都处于身心放松的状态。

（2）忌边听边说

在倾听的时候，一定要注意对方的说话内容，不可随便乱插话，否则容易引人反感。

（3）尽量把自己说话的时间缩到最短

你在说话的同时，自然就不可能听到他人的良言了，千万不要只为自己尽兴，而忽略了这一点。

（4）做出饶有兴趣的样子

你表现出来的状态是让对方相信你在注意倾听的最好方式，同时你也能够得到更多需要的讯息。

（5）观察对方

倾听的时候切忌三心二意，眼睛乱转，最好能认真地注视对方的眼睛，这样不但让对方能够感受到你在认真听他说话，而且还能够帮你集中注意力，以免对谈话的内容有所疏漏。

(6) 关注中心问题

倾听的时候不能心猿意马，对于中心问题的关注可以解决这个问题。

(7) 保持平和的心态

不要将与谈话内容相关的人或事牵扯进来，这样容易引起情绪上的波动，不利于沟通。

(8) 抑制争论的念头

沟通的过程不是辩论，没有必要非得争个对错高低，因此要学会控制自己，抑制争论的冲动，放松心情。

(9) 不要臆测

不必要的臆测容易引导你远离真正的目标，所以要尽可能避免对对方作臆测。

(10) 不要轻易地做出结论或判断

谈论某人或某事时，不可轻易做出判断或评价，凡事都应该以事实为依据，否则会让人有轻率的感觉。

(11) 做笔记

这是一个相当好的办法，做笔记不但有助于倾听，而且还能起到集中话题的作用。况且，如果你在谈话的时候有人做笔记记载，那么你也一定会暗自高兴，任何人都有虚荣心，并且被重视的感觉向来都是不错的。

(12) 适当地暗示对方成为倾听者

在他人谈话的时候，你可以用眼神或身体语言等方式示意对方你有意见想要发表，这样既不会让人觉得不礼貌，而且会比直接打断对方起到的效果好得多。

（13）提建议需谨慎

在与他人进行沟通的过程中，在面对某些问题的时候，可能他会感激你所提供的建议，但是绝大部分人还是希望你只是一个倾听者，他的述说有时候其实仅仅是为了能够将问题整理清楚，从而做出决定，那么由此看来，你的建议就是多余的了，弄不好还会起到反效果。

（14）学会随声附和

在与人沟通的过程中，使用一些简单的语言（如“嗯”“是的”“然后呢”）来表示自己是在认真地倾听对方的谈话，这样不但尊重了对方，而且也能够帮助你集中精神仔细倾听对方说的话。

倾听是沟通的一种非常重要的工具，是你向员工传达观点、意见的前提条件，更是说服对方接受你的观点、命令的有效途径。

有效沟通的四个基本技巧

（1）沟通永无止境

沟通并非要在固定的时间和地点，任何时间、任何地点，随时随地都可以沟通；但如果领导者要想做得更好的话，还是建议找一个恰当的时间，与员工进行一对一的沟通。当然，有效的沟通并不限于办公室内，你们可以在教室内、高尔夫球场上、展示会中、艺廊、餐馆等任何场所，只要时机适宜，就可以进行沟通。

（2）沟通要有充足的时间

当领导者决定要和员工进行面对面沟通之前，最好先确定自己有充足的时间进行沟通谈话，而不会受到其他事情的干扰，以免良好的沟通气氛、情绪因突发事件而受到影响，造成不必要的误会。

（3）沟通之前做好准备

领导者不必针对每天都在进行的例行性或随意式的谈话做特别准备。不过，当你遇到以下这些特殊情况时，就要在沟通前做好万全的准备。

①准备推行一项新的改革方案；

②对于沟通对象的前途或利益有重大影响；

③促成大家建立一种崭新的强而有力的企业文化。

（4）创造友善的沟通气氛

①可以借称呼对方名字的方法，来创造开放、友善和轻松的气氛；

②也可以用肢体语言表达领导者愿意放下身段，坦诚沟通的诚意。记住：只要你愿意，你可以采取任何方法，一旦对方对你产生美好的感觉，你就可以成功地进行沟通了。

③领导者可以把办公室的大门永远敞开，这样别人就知道了你随时愿意接受别人的沟通。

④在领导者进行沟通之前，你应该清楚下面几个问题：

◆我想做的是什么？

◆我主要的目的是什么？

◆谁会接收到这讯息？

◆接收到讯息的人，对这项沟通的主题可能会有怎样的态度？

◆他们对这件事情该清楚多少？

◆沟通的时机是否合适？

◆沟通的内容是什么？

◆我试图表达的重点是否清楚？

◆使用的语气与辞句是否恰当？

◆细节资料是否足够或会不会太多？

◆要求对方采取的行动是否清楚？

◆讯息有没有任何暧昧不清之处？

◆所提供的事实资料，有没有经过求证？

◆是否需要对方的反馈？

◆什么方式是最好的沟通方式？留言、打电话还是当面谈话？

沟通并不是一件困难的事，领导者只要掌握一点沟通的基本技巧，绝对可以成为一个沟通的高手。

第九章

授权能力：权力下放以充分发挥领导力

领导者是企业权力的化身，权力固然诱人，但为了企业的发展壮大领导者必须学会分权，把权力下放出去交给有能力的员工。授权是领导艺术的精髓，更是现代管理学的必然要求，只有授权才能提高企业的领导力，提升企业的竞争力。

愚蠢的人死抱权力，聪明的人运用权力

成功领导的关键是识别有能力的人并授权给他

授权的前提是高度信任下属

授权如同放风筝

最成功的授权就是让下属自主工作

放权不等于放任

愚蠢的人死抱权力，聪明的人运用权力

授权是领导的精髓，在社会分工日益精细的今天，企业的管理也变得越来越复杂，它不仅需要领导者自身全面的知识和能力，同时要想真正实现领导的优质高效，一个不容忽视的要点就是授权。

授权即是领导者给予组织内的个体以主动行动的权力，这种行动必须能代表整个企业的利益。授权，能够将企业的公共事务细分到每一个成员身上，这样做的好处就是使特定的人与特定的任务相对应，将为企业工作的观念转化成为自己工作和为完成自己的任务而工作的观念，使每一个员工都能自主地做好自己的工作。

授权所授予的不仅仅是权力，同时也是责任。权力和责任的下放和分化，意味着原来没有决定权和主动权的企业员工在接受权力后就可以根据实际情况做出判断和决定，而不需要等到领导做出指示就自主采取措施应付各种挑战。通过授权可以建立起一个更加灵活，更有适应力的组织结构，同时也可以节省开支、创造新的工作方法，甚至开拓新的市场。

所有成功的领导者都善于授权，查雪尔的康复之家的成功就在于授权。查雪尔虽然是因为一场疾病而被迫将权力下放，但是没有了他的领

导，康复之家并没有陷入混乱，反而发展得更好，甚至比他本人在时还要出色。而这也减轻了他的压力，他不用再为了琐碎的例行公事而奔忙，反而可以把大把时间用于巡察各地的康复之家，这也让他更有效率了。

而康复之家在没有了他的“干涉”后，其管理委员会也能够按他们自己的方式去进行管理。虽然，他们的方式与查雪尔不尽相同，他也多次想去纠正他们，但是很快他就发现由于各地不同的风土人情，他们的做法更适合当地的情况，更有针对性，往往更符合当地的需要。于是，查雪尔开始认同他们的方式，他终于明白了授权的重要性——由于他不再事事干涉，管理机构反而可以遵循着一种特殊的行事方式并形成了一套准则，在实践中很有弹性地去运用它，进而发展出同中有异的工作方式，更准确、迅速地完成任务。

如今，查雪尔的康复之家已经由两家扩展到了200多家，分布在全世界45个国家。但不可思议的是，统筹管理这些的一共只有25个人，其中绝大多数是特别问题的专家顾问，这种充分授权的管理方式对推动康复之家的发展起着十分重要的作用。

把权力授予员工并不会削弱领导者的权力，相反却会大大增加他的权力。授权是领导者最明智的行为，领导者最主要的职责就是做重大决策，而不是所有的事都要插手，把时间和精力浪费在可以交予别人的小事上。

聪明的领导者会通过授权让自己从那些本不应亲自去做的事情中解脱出来，从而专心致力于企业发展的战略制定、领导决策、沟通协调、检查监督等重大的、方向性的操作问题，以及那些与企业前途命运休戚相关的战略、目标、计划、策略，从而促使企业内部分工合理、人尽其才、才尽其用。

事实证明，能否充分发挥企业员工的作用和潜能，是企业取得发展的关键。领导者应该通过授权减轻自己工作的压力，使自己集中精力用于关系企业生存发展的大事上，从而提高效率，增强企业的竞争力。

请记住，愚蠢的人死抱权力，聪明的人运用权力，授权，就是运用权力最好的办法。

成功领导的关键是识别有能力的人并授权给他

领导者一个重要的任务就是找出那些最适合工作的人并赋予他们恰当的权力，让他们可以尽情施展，为企业发展贡献力量。一个所有员工操作的都是最适合他的工作的企业，必定是秩序井然并有强大竞争力的，而实现这一切就是领导者的职责。

每个员工的能力、性格是不同的，他们对不同工作的适应能力也各异，因此，领导者应该根据自己的标准识别那些有能力的员工，找到最适合工作的人并赋予他权力，只有这样才能有效提高企业的生产效率，增强竞争力。

在这一点上，汽车大王亨利·福特就给我们做了榜样，他十分善于识别员工的才能，同时也十分注意招揽人才，并根据他们的特点提供其施展才能的机会。福特公司的发展壮大，就是因为有了一批契合岗位的人才。

在零配件设计方面，埃姆及他领导的设计团队发挥了至关重要的作用。埃姆不仅专业技艺精湛，而且善于管理，在他的身边聚集了许多精兵强将：摩根那号称公司的“千里眼”，他负责的是采购工作，因为他有一种鉴赏机器设备的超常能力，只要到竞争对手的供应场上看一下，就可以弄懂新设备的制作工艺，然后将结果报告给埃姆，不久以后仿造或是被改进的机器设备就出现在福特的汽车厂里了。芬德雷特则是一名出色的“侦察兵”，他经常跑到公司以外的部件供应厂，估算对方的生产成本，一旦判断出哪种产品要涨价，他就建议福特厂马上中断同那家部件供应厂的订货，再根据自己的描述自行生产制造这一设备。“检验员”韦德罗则是一位精明强干的机器设备检验专家，他的职责是向埃姆汇报自动机床试车情况。正是在这群有才干的助手的帮助下，埃姆领导的设计团队为福特汽车的发展做出了很大贡献。他们发明的新式自动专用机床，其中的自动多维钢钻，可以从四个方向同时工作，只需几分钟就可以在汽缸缸体上钻出45个孔，这是当时世界上公认的最先进的设备，而埃姆个人也被公认为是在汽车工业革命方面贡献最大的人。

在寻求企业经营管理方面优秀人才上，库兹恩斯则是一个代表。库兹恩斯对汽车业的经营有着丰富的经验，他聪明能干，善于交际，处事果断，而且精力充沛，工作热忱，雄心勃勃。福特正是在他的帮助下，在各地建立起了行销点，形成了完善的行销网络。

此外，推动福特汽车公司登上事业巅峰的T型车是在威利斯和哈夫的帮助下设计完成的，广告设计师佩尔蒂埃的天才创意进一步促进了T型汽车的市场销售。福特汽车公司为人们津津乐道的世界一流的汽车流水装配线，是在索伦森、马丁和努森的努力下建成的，他们还改革了福特汽车公司陈旧的装配技术和工序，提高了生产效率，进一步降低了成本。

正是在这些人才的共同努力下，福特汽车的面貌焕然一新了，全美几乎所有千人以上的小镇都至少有一家福特汽车的代销点，汽车的销售情况也十分喜人。虽然福特汽车制造厂不断刷新自己保持的汽车制造记录，但仍然有大批的订单供不应求。

企业的领导者必须找到那些最适合自己公司的员工，然后赋予他们尽可能大的权力，让他们充分施展，这样，企业往往就会被推到一个又一个高峰。

授权的前提是高度信任下属

“最成功的统御管理是让人乐于拼命而无怨无悔，实现这一切靠的就是信任。”这是经营之神松下幸之助的一句名言，信任具有强大的激励威力，更是授权的精髓、前提和支柱，也是现代领导文化的核心。领导者应该在信任中对员工授权，只有这样才能让授权发挥最大的功效

中国台湾的奇美公司以生产石化产品ABS而位居全球行业首位，可是公司董事长许文龙对于公司内部大大小小的事却是全权授权，自己从不作任何书面指令，就算是偶尔和主管们开会，也只是聊聊天、谈谈家常而已。更让人感到奇怪的是，他在公司里连一间专门的办公室也没

有，也不知道自己的图章放在哪里。他每天的主要工作就是开着车到处去钓鱼，正巧赶上有一次下大雨，他便决定到公司去看看。当他到达公司后，员工看见他都惊讶地问："董事长，没事你来公司干什么？"他想了想觉得很有道理，于是，便一溜烟地开车走了。

像许文龙这样的领导者就是聪明的领导者。因为他懂得正确地利用员工的力量，发挥协作精神，为公司创造业绩，同时也有效地减轻了领导者自己的负担。在现代管理上有句话形容这种情况："你抓得少些，反而收获越多。"

现在，很多企业的领导者都懂得授权这个道理，可一些时候，权利虽然赋予了，却并未达到理想的效果，甚至降低了员工的工作积极性。而这种情况之所以会出现，主要是因为管理者在授权时没有解决好"信任"这个问题。

领导者应该学会这种方法——让比你更聪明的人去替你赚钱，事必躬亲虽然证明了你的敬业，却不是一个聪明的领导者的做法。毕竟，一个人的能力是有限的，一个无权不揽，有事必御的领导者必然是什么都干不好的。领导者授予员工权利，没有信任就不能授权；缺乏信任授权就会失败。可以说，信任是授权的开始，授权则是信任的结果。因此，领导者一旦授权，就要信任员工，"用人不疑，疑人不用"，只有充分的信任才能让授权发挥最大的作用。

信任，是惠普公司成功的一个不可或缺的因素。惠普的领导者们深知，对员工的信任能够让他们愿意担负更多的责任，从而能使公司的团队合作精神得以充分的发挥。在惠普，存放电气和机械零件的实验室备品库是全面开放的，这种全面开放不仅允许工程师在工作中任意取用，事实上还鼓励他们拿回家供个人使用。因为惠普认为，不论工程师们拿这些零件做的事是否与他的工作有关，总之只要他们摆弄这些玩意就能学到点东西。

有一家公司的员工将自己拟好的销售计划在下班时塞在了经理办公室的门把手上，没过两天，他便被邀去说明情况。他一进门，经理就开门见山地说："计划写得不错，就是字体太潦草了。"这就使这位员工紧张的心情顿时放松了下来，他问道："我的计划是不是预算开支较大啊？要不我再与两个同事一起修改修改，然后再向您汇报一下。"经理打断了他，说："费用对我们公司不是问题，我看计划很可行，只要你有信心，那就去做吧，千万别让时机错过了。"员工听了大受鼓舞，然后信心十足地拿起计划离开了，两个月以后，这位员工就将出色的销售业绩摆在了经理桌上。

这就是信任的力量，试想如果当时经理再将该员工的计划拿去审核、考证，不但贻误了商机，肯定也会使员工产生心理上的负担。如果那时候再交给他去完成，恐怕就不能像现在一样顺利。毕竟，牵扯这么大数目的费用，就算他再有胆量，也还是要犹豫的。可现在，就是经理给予了他充分的信任，减轻了他心理上的负担，留出了让他充分发挥的空间，也使任务顺利完成了。

可见，领导者既然决定授权，就要对授权对象充分信任，当然我们知道大部分领导者之所以不信任员工不是对他们的人格产生怀疑，而是因为不信任他们的能力更怕他们在操作过程中所出现的失误，从而造成的损失。但其实失误和损失都是不可避免的，既然领导者选择授权，就要充分信任权力授予的对象，并允许他犯错误，这是企业成长所必须交的学费。

一手缔造了宏基集团的施振荣在谈起自己的领导经验时说，最重要的一点就是信任员工，充分授权。他常说：“企业要想做到代代相传，必定要建立在授权的基础上。再强势的领导人，总有照顾不到的角落，也会有离开的一天，但是在一个授权的企业，各主管已经充分了解公司文化，能够随时随地自主诠释企业文化，这样的企业才有生命力。”他是这么说的，也是这样做的。对公司的员工，他总是给予信任、充分授权，即使他们工作做得慢、与自己方式不同，也绝不插手。他说：“一个领导者要能忍受员工犯错误，并把它看作成长必须要付出的代价。只要是无心之过，只要最终他赚的钱多于学费，你就没有理由吝于为他缴学费，你一插手，他失去机会和舞台，怎么成长呢?”在他的这种管理方式下，宏基涌现了不少独当一面的人才，也形成了强大的接班人队伍。

可见，信任是领导者授权的第一要诀，领导者要明白与员工分享权力是开创企业并发掘增长潜力的最佳途径。用人不疑，疑人不用，领导者如果不相信员工，自己就会累死；而相信他们则会获得成倍的收益。

所以，当领导者选择向员工授权时，一定要给予他们充分的信任，否则，没有信任，又何谈什么授权呢？事事监控，或者关键的地方不肯放手，如此的授权又有什么实质的意义呢？

授权如同放风筝

中国台湾知名国际战略管理顾问林正大先生说过这样一句话：“授权就像放风筝，部属能力弱线就要收一收，部属能力强了就要放一放。”这句话非常形象地阐明了领导者的授权艺术，他的涵义也非常明确，即领导者在授权的时候要根据员工的能力去赋予权力。

有效授权是每个领导者都必须高度重视的问题，授权的成功与否，往大说，决定着企业的兴衰成败；往小说，则影响工作的顺利开展。因此，授权必不可少，授权势在必行，有效授权更是一个不容忽视的重要问题。

有效授权就是要求领导者视员工能力的高低决定授予的权力的大小，对能力强的人，就可以多授予一点权力，让他多承担一点责任；而对能力弱的，就应该缩小他的授权范围，然后再逐步增加授权。因此，领导者就要在授权前考察被授权的对象、准备授予的工作的难易程度，以便把最适宜的权力与责任赋予最合适的人选。

授权如同放风筝。风筝既要放线，又要有线牵制。光牵不放，飞不起来；光放不牵，风筝不是飞不起来，就是飞上天后失控，并栽到地上。只有倚风顺势边放边牵，才能把风筝放得高，放得持久。

在有限的范围内，风筝是放得越高越令人感觉妙趣横生，权力则是下放得越多越能起到更大的作用，领导者应该在自己能力许可的范围内大胆授予员工权力，这样不仅便于工作的开展，又可以最大限度地减轻领导者的工作量，让自己可以抽出更多时间去做更有价值的事。

有一位企业的生产经理就十分善于对下属进行授权，他不仅将每天生产部门内的日常工作交给助手去做，同时还将每天的生产计划、多个车间的人员调配等重要事项也放手交给助手去安排，自己只是不时对生产进程、产品质量进行跟踪。这样一来，既有效锻炼了这位助手的能力，也能使自己有更多的时间去做总体上的宏观决策。

万科集团的老总王石，每天听到他的消息，不是在东方登珠峰，就是在西方跳降落伞，要不就是在南方踢足球，或是跑到欧洲去滑雪，可是万科集团在他的领导下却展现出了强大的力量，这就是授权的力量。

领导者授予权力一定要在自己力所能及的控制范围之内，员工就是一只只可以放飞的风筝，他们面孔各异、特点不同，领导者要一个个把他们放飞出去。但是无论其飞得多高，领导者手里总要有一根坚韧的线，一切都在领导者的掌控之中。一个称职的领导者应该是放风筝的高手，而不只是扎风筝的工匠。

所以，权力要下放，风筝也要高飞，领导者只要掌握了一定的尺度，就可以尽情地享受放飞之乐趣，风筝也可以尽情地在广袤的天际间自由驰骋。一举两得，何乐不为！

最成功的授权就是让下属自主工作

企业管理的一个较高的境界就是弱化权力和制度，以文化和理念为手段实现员工自主管理，在共同的价值观和企业统一的目标下，让员工各负其责，实现员工的自我管理、自主操作。

要实现这个目标就要求领导者必须注意发挥员工的自主性，实现员工的自我管理、自我规范，从而激发员工的工作积极性，自觉地完成本职工作，并主动追求最佳方法和最优效率，为企业创造最佳业绩。

联邦快递公司就是其中的一个典型。在联邦快递里，员工可以按照自己的方式行事，不论是主管、快递人员还是客户服务人员，都拥有非常大的工作弹性。联邦快递十分注重发掘员工的自主性，其领导者努力为员工创造一个有极大自主性的工作氛围，也大大提高了企业的竞争力。

旧金山黑森街收发站的高级经理瑞妮在联邦快递一待就是15年，其最主要的原因便是，在这里工作可以享有充分的自主权。从她做快递员时起，她就可以自主地安排自己的工作。即使成为高级经理——负责年收入超过五百万美元的部门、每天处理3500个包裹的业务、管理近300名员工，她仍然觉得相当独立、自由，只要上司认同她的目标，她就完全可以自行决定如何做事。瑞妮说："我的上司不会对我说：'你的工作有问题'或'你的递送路线没有安排好'，我自己有一套独立的训练计划，品管小组和路线安排全由我自己做主。我非常喜欢现在的一切。"

来自第一线的员工也有同样的观点。一名快递员说："我喜欢和人们交谈。喜欢这种与人接触的自由，我认为，在这方面我是专家。"另一位说："如果我做好分内工作，头儿们就会放手不管。我喜欢这样的自由。"即使是货车司机都可以自行决定收件与送件的路线，并和顾客商量特殊的收件方式。在联邦快递，所有的人都有同样的感觉——"工作一点也不会无聊，而且时间过得很快。"

正是这种工作上的自主性使联邦快递飞速发展着，每一个联邦快递的员工都在享受着工作的乐趣。从表面上看，负责协助顾客寻找包裹的追踪员似乎受到较大的限制，但是他们却认为自己工作中最好的部分就是享有很大的自由："我们时常必须在电话中接触充满焦虑的顾客，但没有工作手册告诉我们应该怎么交谈：公司非常信赖我们。"另一名追踪员也说："虽然公司有七名主管，他们却从不紧盯着我们。主管让我们知道他们的期望，如果我们所做的不符合期望，他们就会说明。不过，主管绝不会实行铁腕手段的管理。”

在联邦快递位于曼菲斯的总部内，行政人员也同样享受着工作自主性带来的乐趣。一名在收款部门服务的员工表示：“我只是把工作规则当作参考，保留使用与否的自由，甚至调整为最适合我的指南。”

当然，联邦快递公司也有一些标准来规定员工的工作，例如要求同一路线每公里每小时应该收取或递送的包裹数。联邦快递十分注重时间和效率，可是从不用秒表计算快递人员递送快件的时间。

在联邦快递，任何人都可以自由选择管理工作，也可以随时更换职务，条件是只要他能证明自己能够胜任。联邦快递从不认为把员工死死地摁在某个岗位上就好，相反，他们认为自由和自主才是效率、激情、负责精神等等的源泉。企业除非让员工获得工作的自主权，否则终将毁灭。

充分尊重员工的工作自主性就是联邦快递成功的一大秘诀，这也是应该被现代企业学习的一种管理方法。在企业统一目标和共同价值规范的前提下，在沟通、协作、创新、竞争的平台上，允许员工使用自己的工作方法和技巧，这样才能形成员工与企业共同发展、共同成长的双赢局面，才能提高企业的竞争力，并不断发展壮大。

放权不等于放任

授权需要控制，放权并不等于放任。领导者之所以授予员工权力，是出于对其品行、能力的充分肯定，但是这绝不意味着让员工任意所为，更甚者让那些不具备授权能力的员工破坏企业形象。

信任是授权的基础，是一种理解和依赖，而放任则是散漫和纵容，领导者绝不能混淆二者的关系。信任能促使员工把事情做好，放任则只能把事情毁坏。领导者对员工授权应该是信任而不是放任，否则不仅无法完成工作，反而会使你失去领导者的形象，从而一败涂地。

领导者的信任与放任是完全不同的两码事，领导者万不能怠于行使管理的权力。在工作中切忌对授权不管不问，要经常留意员工工作的状态，并给予必要的指导；同时也要防止疏漏的工作环节，这需要领导者给予员工的指示必须明确、严谨；当在工作中出现意外变动时，领导者必须承担起指导的重任，与其让员工竭尽全力，不如领导者凭借着自身的观察，以及认真接受工作或部门状况的报告来判断，帮助员工指点迷津。

摩托罗拉近年来的衰落也正在于此，高层领导者的控权不力使公司的各级部门、各级主管互相推诿责任，工作效率低下。自2000年以来，摩托罗拉的市场占有率、股票市值、公司获利能力连连下跌。到2001年第一季度，更是创下公司15年来第一次亏损记录。

可见，如果放任权力，不仅起不到预期的授权效果，反而会带来更多的危害。因此，管理者若想轻松自如地驾驭员工，最好的办法就是保证大权在握也就是有效监控和牵制的前提下，将小权即不必由自己掌握的权力交给员工。有所不为才能有所为。要想做到这点，领导者可以从下述几个方面入手：

（1）授权时的合理审查，以达到指导、鼓励和控制的作用。既要审查授权任务的复杂程度，也要审查被授权员工的实际能力。

（2）尽量减少反向授权。反向授权即员工将自己应该完成的工作交给领导者做，这也叫倒授权。发生这种情况的原因一般是：员工不愿冒风险，怕挨批评，缺乏信心，或者由于领导者本身“来者不拒”。除特殊情况外，领导者应该杜绝这种反向授权，解决它的方法就是在授权时把任务的艰巨性多想一些，必要时，也可帮助员工提出问题的解决方案

（3）审查并改进授权的技巧。领导者应选择正确的授权方法，按照授权的基本程序去授权（选准授权对象→授权清楚→必要的追踪控制），这是取得良好授权的必然要求。

（4）命令追踪，这是确保命令顺利执行的最有效方法之一。具体的操作方式有两种：第一种即领导者在发布授权指令后的一定时期，亲自观察命令执行的状况。第二种则是领导者在发布授权指令的同时与员工商定定期呈报命令执行状况的说明。

（5）授权后的有效反馈，反馈应当及时，反馈的内容应当具体化，要依赖数据说话。领导者应该清楚反馈是为了使你了解事情的进展状况的，内容更要清楚、确定。

（6）有效监督，领导者要对授权予以有效监督，要监督工作的进度，要以适当的方式提意见而不干涉员工的具体工作，要确认工作绩效，兑现奖惩承诺。这样才能使控制具有威慑力。

（7）则是领导者的全局统御，有效的统御应在三个层面上进行：

①对组织的控制，采用纵向划线、横向划格的管理模式来实现；

②对工作的控制，表现为静态和动态控制；

③对员工的控制，要注重“方法与艺术”的结合。

领导者应该认识到，放任员工的后果不但能把授权的成绩冲得一干二净，还会殃及整个企业，使管理陷入困局，企业陷入泥潭。而解决这个问题的最好办法就是防患于未然，及时的监督管理可以有效防止放任

的发生。

如果领导者放任权力的滥用，不仅无法激发员工的积极性和创造性，反而会激起其他员工的不满，给企业管理造成隐患。最高明的授权管理则是既把权力授予员工，又不能给他们以不受重视的感觉；既要检查督促员工的的工作，又不能使他们感到有名无实。

一手软、一手硬，一手放权，一手控权。只有这样领导者才能管理好企业，防止放任管理所带来的弊害。切记，力戒没有信任的委任；力戒没有责任的委任。只有充分的信任和控制才能使授权发挥最大效用。

第十章

统筹能力：巧计划才有好效果

统筹能力通常表现在志愿、意图、计划、行动、力量、效果等各个方面，现代管理学要求领导者必须具备较强的统筹能力，为企业做好规划，带领企业走向成功。

善计划，才会头绪清楚

成功的领导者都是一个统筹高手，他们善于规划自己的工作计划，知道自己的目标，并且能通过一个拟定好的优先顺序来使自己的工作变得更加井然有序。

所有成功的领导者都需要统筹能力，这种能力一般表现在志愿、意图、计划、行动、力量、效果等各个方面。现代领导学是这样定义统筹能力的："领导的统筹是一个系统工程，没有雄心壮志，就不会有超越时空的意图；没有超越时空的意图，就不会有无可比拟的计划；没有无可比拟的计划，就没有坚定果敢的行动和力量；没有坚定果敢的行动和力量，就难以取得伟大的效果。从古至今，大事小事皆如此。"只有善于计划的领导者才能带领企业走向成功。

计划能力是统筹能力中的重中之重，计划是行动之母，行动是成功（效果）之母。领导者每做一件大事，都应有大计划，分门别类，按部就班。每一个大计划又应有若干阶段的独立计划，每一个独立计划和其他的计划都存在着千丝万缕的联系，并且相互衔接，以便领导者统筹安排。这就像战争，每一个指挥官都对一场战争有一个整体计划，然后对每一次战役又有一个规划。领导者的工作也一样，每一项安排都有一个周密的计划。

没有计划的领导者是难以成功的，所以有人才会说：“没有计划，就是正在计划失败。”成功的领导者都善于给自己的工作进行规划，他们往往拟订一个行动的优先顺序和详细计划，这样就可以有效避免工作中的疏漏。我们可能不会被大象踩死，但所有人都难免被蚊子叮到，因为我们往往容易忽视蚊子。而一个详细的工作计划就可以有效的减少“被蚊子叮”的这种可能。

虽然我们拥有一个详细的计划，但是很多时候都没有办法百分之百地按照这个计划行动，并不能因此就贬低计划的作用，因为正是有了计划，才会为我们提供做事架构的优先顺序，让领导者可以在固定的时间内，完成需要做的事情。简单说，计划就是一个排列优先顺序的办法，是让领导者可以做重要的事的保障。

有了计划，还要能够使计划贯彻实行。如果计划只停留在纸面上或头脑中，那么就什么也不会实现。成功的领导者不仅善于计划，而且往往能够实现所有的计划，为什么？这其中有许多因素，但最重要的是他们有耐心去一一克服在实行计划中遇到的问题。这实在不是一件简单的事，因为这需要领导者在极端困难的情况下也不丧失勇气并去努力实践计划。

作为一个领导者所需要的计划或许不只是十年、五年的长远规划，也许你更需要的是每年的计划、每月的计划、每周的计划，甚至是每天的计划。越周密详细的计划对工作的执行越有益，也更利于企业效率的提高。

计划是成功的保障，更是成功必备的条件，每一位成功的领导者都是善于计划的，他们善于开列清单，并不断研究这些清单，不断为工作做计划，然后，再照着计划行动。往往，当他们这样做了，他们都成功了。

巧安排，就不会轻易失手

巧妙地安排工作，从容不迫地完成工作是一个优秀领导者的表现。对领导者而言，巧妙的安排工作是一种必备的能力，这对企业的生产效率有着不容忽视的影响，下面这种情况就足以说明“安排”的重要作用：领导者召开会议，如果事先没有合理“安排”，就容易出现这种情况：时间已经到了，人却还没到齐；好不容易大家都来了，却没有讨论的主题，大家七嘴八舌，意见无法一致，根本作不了决定，只是浪费时间。

安排工作的能力对领导者而言是至关重要的，如果领导者对工作安排的合理得当，那么执行者就能顺利地执行，也能有效率地完成各种指示，在这种情形下，领导者就会有更充裕的时间去安排下一项工作，形成一个良性循环，使企业更有效率地运转。否则，一旦领导者安排欠妥，那么就会影响执行，导致错误频频发生，就会从良性循环转变成一个恶性循环。

领导者是企业的引领者，但同时也是企业的筹划者，应该注重整体考虑。如果领导者也和执行者一样，经常为具体工作疲于奔命的话，那么就会忽略从整体上去安排工作，导致企业的效率低下，竞争力低下。

很多时候，领导者的忙碌正是因为不能良好安排工作的缘故，是一种无事忙。这种忙碌是因为领导者不能辨明工作的轻重，而将时间浪费在一些琐事上，因此使得自己很忙碌，工作也因此效率低下。对于这些领导，他们所缺乏的正是合理安排并处理工作的能力。而善于安排工作的领导者，他们首先会拟订一个工作表，然后按照工作表上的安排按部就班地处理工作，并从容不迫地担任几个人的工作。

一家公司的广告部有两位科长，他们每天都有许多工作，经常要参加许多会议或是出差，他们的日程表总是排得满满的。但是不同的是，如果有员工要和 A 科长谈谈，A 科长马上就能抽出时间和他面谈，而 B 科长却做不到这点，顶多他能让你站着和他说上两三分钟。

造成这个情况的原因很简单，就是因为 A 科长善于合理安排工作，并把能下放的工作全部交给员工去做。而 B 科长则恰恰相反，他对员工的工作没有什么安排，总是把所有工作全权掌控，这样一来，他的下属就会变得愈发无能。

一个真正善于安排工作的领导者，什么时候看到他总是轻松自在的，因为他的时间经过合理的分配得到了很好的利用；而愚拙的领导者，由于不擅长安排工作，而总是让自己处在一种忙碌且混乱的状态之中。这样的领导者是一个不称职的领导者，更不能带领企业在竞争中立足。

大处着眼，小处着手

作为一个领导者，当你想决策一个问题时，真正面临的，常常是一堆问题。缺乏统筹能力的领导者常企图向“所有”问题一齐进攻，但往往这样做的后果是让“攻击面”越来越大，最终会使得他想决策的问题超过了他的能力负荷，失败也就是必然了。

因此，提高统筹能力就是对领导者的必然要求，这要求领导者遵循这样一条准则——“大处着眼，小处着手”，这也就是说领导者要办事细致周到。俗话说，心细如发不粗心，虑事周到无漏洞，这就是一名合格领导者应有的统筹素质，也是领导者有效领导下属，形成高效工作局面的必然。

很多领导者可能都牢记这样一句话：“眼光要看到整个树林”。可是他们往往重视了树林而忽视了树木，如果不能从每一棵树木开始去建设整片森林，那么森林就是不可能建成的，因为缺少了森林所必要的基本单位——树木。

因此，领导者在解决每一项困难复杂的问题时一定从彻底解决每一个问题开始，你可以把时间恰当分配到每一个问题上，并在那段时间内，集中全部的精力投注在那个问题上，以求得最佳的解决方法。当一个个简单、单一的问题都被解决时，就会发现再也没有什么困难复杂的问题了。

下面几条建议，可以帮助领导者建立自己周密、细致的统筹能力。

(1) 细心观察

细心观察，就是要求领导者学会观察和适应领导的工作方法和特点，随时关注企业的注意焦点，能够细致入微地了解企业的各种情况，做到不仅同步而且还要超前地制定措施。

细心观察，还意味着领导者应注意观察生活，了解社会，对企业、社会的各种情况了如指掌，有一个透彻地把握。这样，领导者就能够做到提前预见事物的发展脉络，考虑到可能发生的各种情况，办起事来游刃有余，从容不迫，圆满地完成任务。

（2）预先筹划

古人云：先谋后事者昌，先事后谋者亡。领导者必须做到有预见性、有计划性地开展工作，只有这样才能把事情做得有章有法，有条不紊，才能对各种可能发生的情况给予充分地估计，当发生了危机时有相应的应急措施，不会手忙脚乱、耽误工作。

预先筹划，就是要求领导者能预见到事情发展进程中可能遇到的困难和问题，并制定相应的应急措施；一旦事情在发展过程中有所改变或需要调整时，能够迅速地做出反应。所以，领导者只有具备预先运筹和设计方案的能力，才能应付各种情况。

（3）做到四勤

这里所说的“四勤”是指手勤、脑勤、嘴勤和腿勤。手勤就是要随时做到有备无患，有纲有目，不仅应预先筹划未来的各项工作，还应有意识地收集一些资料已备不时之需。脑勤，就是平时要多思考，多想几个“为什么”，“怎么办”，这样就会提高领导者的预见能力和应变能力，使事情变得周详可靠。嘴勤就是遇到问题要多请教，向人请教工作经验，多了解一些企业和社会各方面的情况，作为自己思考和决策的实践基础。腿勤则是指领导者要经常到基层中去了解事情的真实情况，了解事物发展的过程，从而使自己的决策更符合实际情况，真正做到细致周详。

“四勤”是一个领导者的必备素质，这不仅能够帮助领导者更多地了解情况，做到胸中有数，在事态的发展变化中及时应对；同时它还会给你带来一种积极向上的气息，一种朝气蓬勃的工作作风。

领导者对待所有的问题，就应该将它们依其轻重缓急，排定先后顺序，然后集中你所有的力量，一次只对付一个，并细致周到地将它彻底解决。这样，你就永远不会被问题所困扰。

推到金字塔式结构，建立扁平化组织

现代经济的发展，激烈的市场竞争都要求企业及其领导者能快速地适应这种变化，并尽可能地提高决策的速度和质量。这就要求领导者必须改变传统的等级分明的、高耸的金字塔式的组织结构，建立一种扁平化组织。

扁平化组织是一种增加管理幅度的领导方式，它之所以受到现代领导者的青睐，是因为和“金字塔结构”相比它的明显优点，一是金字塔结构是与集权管理相适应，而扁平化组织则对应着分权管理，分权管理代表着现代企业管理的趋势，减少了组织各基层间的联系，利于提高效率；二是扁平化组织也是一种企业快速适应市场变化的需要，这是一种有效的增加管理幅度的组织方式。

总的来说，扁平化的企业组织是一种简化的企业组织结构，这代表着新时代企业组织发展的新模式。这种扁平化的组织可以使企业内部形成一种相互理解、互相学习、整体互动、协调合作的企业文化，才能产生持久的创造力，才能不被淘汰，获得竞争优势。

莫瑞斯公司就是较早采取组织结构扁平化的公司之一，为了适应时代的变化，促进公司的进一步发展，公司领导层决定按照精简高效的原则重新定义各职能部门和企业的组织机构，将原来的部、处、科等垂直领导的金字塔式结构转变为更重视工作能力和工作成绩的独立的工作小组，使企业转变为一个简洁、高效的组织。

为此，他们将原来的部门按照业务的相关性合并为不同的工作小组，各个工作小组之间根据不同时期的任务，建立相应的工作室。在公司内部不再设部长、处长、科长等职位，而是在各工作小组根据不同的情况选举能力超强的人担任组长，并只在处理对外问题时保留原来的头衔。正是通过这种灵活的组织结构变动，莫瑞斯公司建立了适应新时代所要求的快速、高效的企业组织，并取得了理想的效果。

与之类似，林肯电气公司则是通过取消企业部门之间的界限实现了组织的扁平化。林肯电气公司的总裁罗伊·斯奇认为，林肯电气不能够容忍由于组织界限而带来的高额成本，比如发生在营销与技术之间的障碍，或在经理、主管、临时工等不同员工之间的界限。因此，为了降低这种成本，他致力于减少公司内部的垂直界限和水平界限，消除公司与客户及供应商之间的外部障碍。

罗伊·斯奇认为企业中的任何层次都有它的副作用，多一个层次就多一份控制，任何控制都将变成限制，阻碍企业的发展进步。在这一思想指导下，林肯电气开始削减管理层次，减少命令链，增加管理幅度，取消各种职能部门，并以授权的团队取而代之。他们引入了一种由高级主管、中级主管、基层主管和员工组成的跨等级团队，目的是让员工参与决策，让员工自己评定他们的绩效，并实行360度绩效评估，这些举措旨在消除企业内部的垂直界限。在消除组织水平界限方面林肯电气也进行了诸多尝试：以多功能团队取代职能性部门，围绕公司的工作流程来组织团队活动；进行各部门间的人员横向调动并在不同职能领域的工作轮换，把专才变成通才。

这些措施所带来的直接效果就是使林肯电气大大减少了管理层次，增加了管理幅度，迫使各级管理人员向下级授予更多的权力，充分发挥员工的自主性。而事实证明，这些措施对于上、下级之间的信息沟通相当有利，特别是基层人员的意见能很快反映到公司的决策层，从而有效地提高了组织的执行能力。

扁平式组织是一种较为可靠的企业结构形式，它具有最少的层次、尽可能“平面”的组织，可以更加灵活快速地应对各种变化，保持企业的竞争力。同时这种扁平化的组织也利于领导层的反应和决策的快速做出，减少决策的障碍。扁平化组织也利于企业所有部门及人员能更直接地面对市场，减少了决策与行动之间的延迟，加快对市场和竞争动态变化的反应，从而使组织能力变得柔性化，反应更加灵敏。

打破管理的界限，建立无界限组织

扁平化组织的一个最显著的要求就是打破管理的界限，尽可能地将决策权下放到基层，让一线员工拥有充分的自主决策权，拥有更多的行动权力，使他们可以能够快速与主管，甚至最高级别的领导人沟通，给予他们更多的活动空间以应对市场的变化。同时，打破管理的界限也是企业领导者统筹能力的进一步展现，这让领导者可以把更多的时间和精力用于关系到企业生存发展的大事上，而不必事必躬亲。

员工自身自主性、能动性的提高，是打破惯例界限的必然结果，这样一来，他们会变得更加独立和乐于承担责任，其个人的工作能力也会得到很大的提高。同时，企业也可以建立起以个人为基础的活动单元，可以用更少的人员负担更多的制造、销售和服务的工作，提高企业的效率，提升竞争力。

在这一点上，杰克·韦尔奇就给世界做出了榜样。当他接任GE公司总裁时，GE已经染上了许多大公司都具有的“恐龙症”——组织臃肿、部门林立、等级森严、反应迟缓、行动不力。GE当时的组织是按部门划分的，但其实每个部门的领导并没有什么实权，他们所负责的工作不过是像漏斗一样传递信息。GE的这种横向交流的等级界限严重降低了公司的决策效率。

鉴于GE的这种组织结构，韦尔奇开始了他的变革：打破管理的界限，构建无界限的组织，解决公司规模和效率的矛盾，使之既具有大型企业的庞大的力量与资源，同时又具有小型公司的效率、灵活性和自信，保持初创企业的灵敏。

韦尔奇专门为GE设计了一种“无界限”的组织模式，他要借此达成如下几个目的：第一，信息传递更畅通。消除官僚式的推诿和空谈，使经理与员工互相认识、互相了解，人们既可以畅所欲言，也可以静心聆听。他认为，员工间不分彼此应成为GE唯一的管理规则。第二，行动上更加迅速。速度“是竞争力不可分割的组成部分”，在市场竞争中如果缺乏速度就要付出代价。第三，减少管理结构中的层次，减少信息损耗。第四，杜绝时间浪费，摒弃繁琐的公文以及过程，不把时间浪费在无止境的审阅、批示、党派关系和文字游戏上，所有人员可以自由地将他们的精力和注意力投向市场，而不是用于互相扯皮上。

除此以外，韦尔奇还大量裁减员工，所有不称职的员工不论职位高低一律走人。这就让其他留下来的员工诚惶诚恐，拼命工作。在大量裁减冗员的同时他还大力压缩管理层次，强制性要求在全公司任何地方从一线员工到总裁之间不得超过5个层次，使原来高耸的宝塔形结构一下子变成了低平而坚实的扁平化结构。

韦尔奇理想的组织是一种“无界限组织”，就是要创造一个员工们能够自由发挥的环境，发掘每个员工的最大潜能，所有的员工都可以参与决策，并充分地获得决策所需的重要信息。员工不再被告诉该做什么，也不再只做上司分配的工作，而是被赋予了充分自主的权力并且承担责任，去做应该做的事情。

韦尔奇还鼓励、发动全体员工动脑筋、想办法、提建议，改进工作，提高效率，推行“群策群力”的活动。其中最常见的模式被称为“施政会议”——公司执行部门从不同层次、不同岗位上抽出几十人或上百人，到宾馆参加为期 3 天的会议。前两天与会员工被分为五六个小组，讨论工作中存在的问题并制定解决方案，第三天各小组向大会报告其讨论结果与建议，部门负责人要当众回答问题。这样一来，从公司的各个企业、各个层次挑选出来的员工代表济济一堂，可以畅所欲言地发泄他们的不满，提出各种建议和意见，清除一个又一个不具有生产能力的工作程序。这一模式很好地实现了员工参与管理，大大提高了员工的工作热情，同时也带来了明显的经济效益。现在，“群策群力”讨论会已成为 GE 公司的一种日常性活动，参与人员也从员工扩大到顾客、用户和供应商。

韦尔奇的这种“无界限组织”改革使 GE 成为了一个开放的、自由的、不拘泥于陈规的公司。也使员工能够迅速且容易地调换工作岗位，能够尽可能快地、有效率地与外部接触，并鼓励他们参与、合作，打破了过去公司中那种封闭、老死不相往来的状况。

打破管理的界限，就是要拆毁企业中所有阻碍沟通、阻碍找出好想法的“高墙”。韦尔奇对此做了一个形象的比喻：“一栋建筑物有墙壁和地板。墙壁分开了职务，地板则区分了层级，而我要将所有的人全都聚在一个打通的大房间里。”正是通过这种“打破管理界限”的领导，使GE焕发了青春，焕发了生机，变得更加灵活，也更具有竞争力。

企业没必要设置诸多界限将员工、任务、技术等等分割开来，恰恰相反，领导者应该将精力集中于如何清除这些界限，以尽快地将信息、人才、奖励及行动落实到最需要的地方。“无界限”实质上就是以柔性组织结构模式替代刚性模式，以可持续变化的结构代替相对固定的组织结构，使企业具有可渗透性和灵活性的边界，以在市场经济中体现更多的竞争力。而能否建立“无界限”的组织则是对领导者统筹能力的一个严峻考验。

第十一章

执行能力：领导者是执行的指挥官

执行力是所有那些实现了跨越的公司获得成功的共同秘诀。对于企业而言，执行力就是将战略决策一步步落到实处的能力。执行力是领导者成功的秘诀，企业的成功更离不开领导者的强大执行力。

领导者是执行的指挥官
找到能执行的人
建立执行团队
将执行融入企业文化
让执行在组织中扎根
构建有效的执行流程
让执行更到位

领导者是执行的指挥官

领导者在执行中扮演着非常重要的角色，领导者是整个企业的指挥官，肩负着控制执行的重任。作为领导者应该避免成为一名微观的管理者，陷入企业日常管理的细节当中，而是要站在一个较高的位置上去控制全局，把握整个企业的执行状况。领导者首先要把自己变成一个执行者，才能提升整个企业的执行力，带领企业在竞争中获胜。

利盟公司的成功就可以归功于领导者的首席执行官作用。利盟公司是享誉全球的镭射、喷墨和点阵式打印机以及有关产品的发展商、制造商与供应商，他们致力于为办公室及大小家庭提供高质量的打印产品及服务，该公司在1998年的销售额高达30亿美元。利盟在美国Lexington设有行政大楼及公司最具规模的生产中心，此外在美国德尔波尔德、苏格兰Rosyth、法国奥尔良、墨西哥Juarez及澳大利亚悉尼都设有生产中心。利盟公司创立于1991年，在私人投资公司Clayton Dubilier&Rice成功收购之后由IBM Information Products Corporation衍生出来，并在1995年正式成为一家上市公司。

由于利盟是从IBM公司分离出来的，在他身上体现出了强烈的蓝色巨人的气质，公司的CEO柯蓝德也有着浓浓的蓝色背景。他曾在IBM不同产品开发和管理职位上做了17年，并成为IBM桌面激光业务领域的负责人。1991年，柯蓝德正式出任利盟公司全球CEO。长达17年在IBM的浸润对柯蓝德执掌利盟公司带来了难以言说的影响，他认为："单纯的发明对于创造价值来说是远远不够的，关键是如何迅速将这些发明应用于各种新的产品和服务之中。"昔日郭士纳的经典之语，如今已经成为利盟的战略法宝。从1991年推出打印解决方案，站在企业运营的角度提高打印效率，到2004年在数十个不同行业提出"随需应变"商用打印方案，利盟的成长轨迹都体现了这种"执行"精神。

首先利盟在打印领域有完善的产品线，可以保障为用户提供各种解决方案。这样可以降低硬件在解决方案中的成本比例，并使客户对服务需求增加，提高服务的利润贡献率。柯蓝德认为产品线是公司生存发展的前提，只有拥有了完善的产品线，才有机会投入更多资本对客户运营流程进行研究，并获得更多利润空间。然而产品线又不是问题的全部。只有不断提高产品技术能力，才能满足用户的各种需求，并使用户使用成本不断降低。与此同时，这种需求又为利盟的技术创新指明了方向，当技术与市场形成良性循环时，利润自然就会不断增长。因此，利盟的执行战略是围绕客户整合资源，而不是按照产品或者地域分布来划分资源。这样一来，就能在打印领域内联合不同部门对付共同的敌人，或者在一个有竞争力的行业中去共同争夺市场。

同时，利盟也注重通过识别客户需求和打印业务流程细分，对现有产品进行变革和再设计，在产品、客户和技术研发等各因素之间实现决策的平衡。这使得利盟可以在发现客户价值，继而分析技术和财务的因素后，直接进入执行的实施阶段。

其次，柯蓝德花了很多时间解决官僚机构的问题，他认为，官僚机构存在不是什么坏事，每个机构都有存在的道理，关键问题是如何让这些机构以协同的节奏运转。为此，他在利盟内部强调统一的跨部门管理。局部业务管理由各部门独立完成，跨部门管理机构成为调度公司运行秩序的中心，并成立了全球统一技术数据中心、全球统一市场推广部以及知识产权保护部门，这些跨部门的管理机构对于内部沟通和协调起到了重要的推动作用，并保障了公司的执行能力。

接下来，柯蓝德面临的任务是如何在利盟内部实现经营业务与管理职能结合，如何推进跨部门的合作，并使用户服务的策略有力执行。他认为，组织的执行力与 4 个有效运作的 DNA 密切相关——结构、权力、信息、激励——持久、良性的执行力正是通过这几个深层次因素的协调去实现的。在组织架构以及人事激励等方面，他提倡使员工的能力得到最大限度的发挥；在信息沟通方面，则致力于基于整体价值链的沟通，他认为这样可以使公司的运营精益求精。同时，他还注重竞争对手或同类厂商的市场动作，一个例子是，当利盟的竞争对手推出集中式的商用打印解决方案时，利盟立即开始研究分布式办公环境中以低成本实现打印的解决方案。他们专门成立了技术和服务部门对全球策略进行统一部署，5 个月内就使这个计划产生了良好的执行效果。

柯蓝德在利盟的领导强调的是对技术和商业策略的共同推动力，利盟是打印技术解决方案的专业提供商，在打印技术方面处于绝对的领先地位。利盟公司的成功就在于其 CEO 柯蓝德强悍的执行风格和贯彻到每个员工的执行效力。

由此可见，领导者的执行风格影响着企业的执行力，只有领导者自身具备强有力的执行效力才能提高整个企业的执行力，从而获得竞争优势。

找到能执行的人

执行是企业成败的关键，尤其是在大的战略已经设定的情况下，如何执行，是否能使执行落实到实处，并执行到位就是每一个领导者应关心的重中之重，而这对所有管理者来说又是一件十分困难的事。通常，企业的高层领导者对于员工的日常行为是没有直接影响的，要想贯彻、执行企业的发展战略，领导者就必须找到能执行的人，在目前这种知识经济、体验经济的环境下，把关注的焦点投向那些能准确执行的基层管理人员身上。

西门子领导层寻找能执行的人的方法就值得关注，总部位于柏林和慕尼黑的西门子公司是世界上最大的电子电气公司之一，同时也是最具优良传统的公司之一。西门子在全球各地开展了多种国际业务，同时将重点放在能源、工业、信息和通讯、医疗、交通和照明等核心业务部门上。除了在德国拥有180000名员工之外，还在全球190多个国家和地区的硬件和软件生产、设计、维护、销售和开发领域拥有267000名员工，并在全球50多个国家经营着约500家生产工厂。

西门子公司之所以能成为世界电气界的一颗璀璨明星，离不开西门子公司的执行能力，其中最为显著的就是他们有一整套选拔执行人才的制度，从选拔、培养到造就方法，并成为公司整体发展战略的重要组成部分。

西门子公司里设有一个“人才素质模式”，即西门子在选拔执行人才时一般会从三个角度去衡量应试者：

第一，知识方面的标准，包括专业知识、市场知识、业务流程知识、商务知识。

第二，经验方面的标准，包括项目管理经验、专业经验、领导与管理经验及文化经验。

第三，能力方面的标准，包括推动事情的能力，专注事情的能力，制造影响的能力，领导下属或团队协作的能力。

西门子往往根据上述三个大的标准为准绳衡量执行人才，并希望其能在具体的执行岗位 One Lever Higher（更高一级），这就要求，执行的人才要能超过所设定的三个基本“工作标准”，西门子认为，最理想的执行人才是既具备了以上的基本要求，又具有更好的发展“潜力”的人。因为西门子是与时俱进的公司，这就要求所有的员工必须具备很大的发展潜力。

西门子致力于寻找真正优秀的执行人才，这需要：拥有新思想、勇于实践。他们必须视野开阔，行动积极，敢于走新路，并把握机会，变可能为现实。西门子同样非常重视诚信，要求执行者必须拥有诚信，要诚信地面对同事、供应商、客户、股东等等，这是最为重要的。此外，西门子认为，优秀的执行者应该是具有团队合作精神的人才，同时也拥有较高的核心素质，这些核心素质是在其本身的教育背景之外的（包括基本的商业知识和计算机技能），包括在不同的文化背景中游刃有余的能力，当然，语言能力也很重要。

总结一下，西门子对优秀执行者的要求基本涵盖了以下五点：

◆创新精神：思路奇特，善于创新，从不满足现有成绩；拥有产生新的创意并将其成功实现的能力。

◆学习能力：头脑清醒，不断学习新东西。善于从工作过程中学习、向同事学习、从商业实践经验中学习，并通过和他人分享知识来保证未来的成长。最重要的是，随时愿意学习接受新的东西。

◆团队技巧：能够将具有不同文化背景和知识结构的人们联合起来共同工作。

◆重视结果：有着对成功的强烈渴望并通过努力工作实现自己的目标。

◆顾客至上：西门子认为，真正成功的解决方案总是按照客户的特殊需求而定制的。这也正是西门子如此重视能够倾听并理解客户需求能力的原因所在。

西门子正是依靠这样的标准来选拔最优秀的执行人才的，这保证了西门子公司的战略决策可以在实践中得到良好的贯彻执行，带领公司在强手林立的市场中获得了一席之地。

当然，有了选拔执行人才的标准还远远不够，关键是要看企业的领导者如何执行这一标准，MSG 公司选择欧洲事务 CEO 的例子就给了我们一些启发。

总部位于美国的 MSG 跨国公司在自己的领域里做到了行业第三的位置，为股东带来了非常丰厚的回报，但是，公司在欧洲的表现一直不尽如人意。MSG 在每个国家的分公司都有自己的战略，而 MSG 欧洲公司的战略是十分不成功的，由于没有能力实现欧洲各国分公司之间的联合，公司当时主管欧洲事务的 CEO 已经到了要下课的地步。

在这种情况下，公司急需找到一位能通过一种泛欧洲战略并能够有力地将其付诸实施的领导者。MSG 公司对未来的这位欧洲事务领导者的要求非常明确：他（或她）必须从深度和广度上对自己的行业有着足够的了解，而且还要能够随时感觉到外部变化，并及时进行相应的战略调整以适应这些变化；他（或她）还必须能够迅速而深入地建立一个新的管理团队，并立刻制定出一份行之有效的战略。

从传统的角度来说，适合这个工作岗位的人选必然来自美国或者欧洲，但事实上，根据当时的现状，MSG公司美国或欧洲的人才储备库中并没有一个合适的人能够满足这些条件。后来，随着讨论的深入，来自公司在发展中国家的领导者杰克·帕斯走上了前台，他在担任分公司总经理的三年中取得出乎意料的业绩，尤其是在推动员工执行方面更是颇有建树。经过慎重的思考，MSG公司的高层领导者终于决定任命帕斯主管MSG的欧洲事务，结果表明，这一任命是十分明智的。帕斯在他的新岗位上取得了巨大的成功，成功带领MSG欧洲公司走出困境，他自己也成为公司总裁的一个强有力的候选者。

帕斯的成功可以说是MSG公司高层领导者的成功，他们先制定出了候选者应该具备的标准和范围，当发现在这个范围内不具备合适的人选时，便把寻找的范围扩大，终于找到了一个合适的执行者。

找到能够执行的人是领导者的职责，这对于公司战略目标的实现有着举足轻重的作用，领导者的手下必须用一大批能够执行的追随者，只有这样，企业才能在领导者的带领下攀上成功的巅峰。

建立执行团队

领导者提高企业的执行力的一个重要举措就是建立执行团队，执行团队在企业中的作用十分显著，它通过形成独特的发展和竞争优势，带来了不可小觑的执行效果。很多不可辩驳的事实表明，企业是否建立执行团队，其差距不仅仅是执行本身，更重要的是执行后的效果。

杜克是一家市值高达490亿美元的多种能源制造商、运输商和经营商。公司在新世纪的发展战略中，杜克公司将业务由原来的能源制造和销售扩展到新的更大的范围之内。新的业务范围具体包括：实物资产（如能源工厂和输送管道）的加工，天然气和电力的买卖，以及风险管理等金融业务。为了实现这个新的战略目标，公司改革了原有的人才结构。总裁里克·普里奥要求在全公司范围内进行一次评估，发现执行新战略的人才储备。

为此，杜克开始构建一个新的执行团队，并列出了其成员的四种基本技能：功能性技能，商业技能，管理技能和领导技能。功能性技能要求每个执行者必须拥有管理该部门的背景，比如说，团队中担任人力资源部门执行者，就必须拥有人力资源管理的背景——知道什么是ERISA，了解任命、培训、薪酬等方面的东西；商业性技能则要求团队执行者应了解杜克的商业模式以及它的盈利方式；管理技能则意味着管理、规划、组织、指挥和控制；同时，执行者还必须具备一定的领导技能。

杜克能源公司的主要社会运营机制就是普里奥的政策委员会，这是杜克公司的一个非常重要的执行团队，委员会包括普里奥本人，三个主要业务部门的总裁，以及四个主要职能部门的主管——法律、财务、行政和风险管理。该团队每两周举行一次为期一天的会议，解决大部分的工作，团队每年还就人才培养问题举行三四次专门的会议。执行团队的工作主要就是随时更新并传达工作计划，在他们的领导下，整个公司几乎所有的问题都能够得到非常及时的解决。

正是在这个执行团队的运转下，杜克能源公司系统得以流畅的运转。究其原因有四：第一，建立了一个为实现较高业绩水平而不断努力的企业文化，这样团队就会不断敦促组织中的每个人做出最佳表现。第二，拥有一位不仅愿意，而且随时准备对一项评估提出质疑的领导者。第三，企业最高执行官的学院式文化，使团队成员互相监督，实事求是，每个人都可以反对别人的意见，即使主席的意见也可以遭到质疑。第四，团队成员被赋予了足够的权限，因为由于工作的关系，人力资源主管看问题的角度总是与其他人不同。这就是执行团队的作用，也是执行团队成功的秘诀。

对于杜克公司来说，拥有一个执行新战略所需要的执行团队比什么都重要，这个团队的最突出之处是它拥有的极强执行力，并充分发挥了执行力的作用，为企业发展提供了强大动力，使得杜克公司再现生机，续写辉煌。

一个高效、协调的执行团队对企业而言是非常重要的，它决定着企业的战略政策能否落实，执行是否到位，尤其在规模很大的企业中，这样一个执行团队对于领导者而言更是必不可少的，它决定着企业的执行力，以及竞争力。

将执行融入企业文化

执行不是空谈战略，它应该是细微而现实的，它是企业微观上对每一个细节的探究和实践；执行实际上就是企业每一层级的领导者都能用公司的统一文化标准去判断和做具体的事情。因此，执行力应该是企业文化的一部分，它诞生于企业文化，同时对企业文化起反作用。领导者不能把执行孤立起来谈执行，而是应该将执行融入企业文化，最大发挥执行和企业文化的作用。

蓝色巨人 IBM 公司就是一个将执行融入企业文化的典型。IBM 公司的企业文化是在托马斯·沃森父子两代人的共同领导经营中创造的，几乎涵盖了公司管理的各个方面。

（1）IBM 公司经营的宗旨就是尊重人、信任人，为用户提供最优服务及尽可能追求卓越的工作。这一经营宗旨也是 IBM 价值观的体现，指导了 IBM 公司的所有经营活动。IBM 公司的价值观曾经具体化为三原则，即“为职工利益、为顾客利益、为股东利益”，后又发展成为三信条，即“尊重个人、竭诚服务、一流主义”。

IBM 成功至为重要的基础就是老沃森的“销售导向”的经营思想，他认为公司的价值来源于销售。销售代表体现了公司关心用户、关心社会的高大形象。正是老沃森、小沃森和以成功销售者为代表的 IBM 英雄，使 IBM 公司价值观得以人格化、形象化，成为职工有形的精神支柱。

（2）IBM 公司的另一个非常重要的企业文化就是顺应时代的发展，不失时机地改变企业的经营战略和不断地改变组织机构。由集权转变为分权，废除蓝领劳动者与白领劳动者的区别，使 IBM 公司从古老质朴的时代转变为技术专家领导的科学经营时代；随着信息革命的不断深入和发展，公司进行重大改组，将所有的销售部门归并到信息系统联合部，以顾客的需求为中心，让技术专家直接参与市场营销。这让 IBM 可以充分发挥想象力与创造力，制造出亲密、友善、互助、信任的组织气氛。

（3）致力于建设以销售为中心，以用户为动力的工作环境。IBM公司强调公司经营的各个环节都要直接或间接地参与销售，从总裁到制造工厂的工人，都要接受严格的训练，要求他们对用户提出的问题必须在24小时内给予落实或答复，以确保他们与用户保持一种直接或间接的联系，从而创造一个以销售为中心，以用户为动力的工作环境。这是和老沃森提出的“为顾客利益”一致的，是一种“服务至上”的原则。

IBM还建立了完善的员工培训制度，教育渗透到公司的各个阶层，从经理到职工，每人每年必须接受40小时的正规培训。同时公司还将种类繁多的必读刊物直接送到员工家中以便学习，也请用户来参加多种多样的讲演和交流活动，引导公司走向有益于社会的道路。

一个具备强大执行力的企业不仅需要有一个能有效执行的领导，一个成功的执行团队，同时还要培养一群爱岗敬业、奋发有为、全心全意为企业做贡献的员工。因为好的员工会在领导者的参与和交流中得到表现，领导者的亲和力和凝聚力也会随之弥漫到整个企业中，并逐步提高整个企业的执行力。

领导者只有让执行融入企业文化之中，它的执行文化就会呈现出一种令人陶醉的人情味，在这种执行文化的熏陶下企业必然会获得强大的执行力。

让执行在组织中扎根

在当前的企业实践中，从生产、管理到销售的各个层面，真正影响执行的难点不是激励不足、知识或技能欠缺、监督不力、方法错误，也不是员工缺乏敬业精神，而是企业未能在让执行在组织中扎根发芽，未能使企业的组织结构跟上市场的发展变化。

执行是在人性的基础上建立科学的运作流程，领导者应该在企业中设立目标与评估标准、明确奖惩规则，透过组织结构内外部的检查互动，推进人员的奖优罚劣及优胜劣汰，提高执行的速度与品质，确保目标的完美达成。

美国通用电气公司是美国、也是世界上最大的电器和电子设备制造公司，它的产值占美国电工行业全部产值的1/4左右。通用电气公司在创立至今的80多年中，以各种方式吞并了国内外许多企业，攫取了许多企业的股份。在国外，它逐步合并了意大利、法国、德国、比利时、瑞士、英国、西班牙等国的电工企业，成为一个庞大的跨国公司。它的29个直属营业部门，管辖着140个工厂，分布在美国国内25个州的88个城市和加拿大的5个城市。

为了适应技术进步、经济发展和市场竞争的需要，通用电气公司建立了一种被称作“超事业部制”的管理体制，就是在企业最高领导之下、各个事业部之上的一些统辖事业部的机构，其主要工作就是执行。

接任通用电气公司董事长的琼斯上任后又进一步改组公司的管理体制，实行“执行部制”，也就是“超事业部”，就是在原有事业部的基础上建立一些“超事业部”负责统辖和协调各事业部的活动。在改组后的体制中，董事长琼斯和两名副董事长组成最高领导机构执行局，专管长期战略计划，负责和政府打交道，以及研究税制等问题。此执行局下设5个“执行部”（即“超事业部”，包括消费类产品服务执行部、工业产品零件执行部、电力设备执行部、国际执行部、技术设备材料执行部），每个执行部由一名副总经理负责。执行部下设有9个总部（集团），50 个事业部，49 个战略事业单位。分别向各执行部报告有关市场、产品、技术、顾客等方面的战略决策。这 5 个执行部再加上其他国际公司，分别由两位副董事长领导。此外，财务、人事和法律 3 个参谋部门则直接由董事长领导。

通用电气的几任 CEO 的改组使执行在通用电气公司的组织结构中生根发芽，这极大地促进了通用电气的阶段性发展。“战略事业部”应对的是成长性经营环境下的激烈竞争，“执行部”的意义则在于是衰退或者平衡经营环境下的资源调控。可以说，没有这些彻底贯彻的执行组织，通用电气是无法取得如今的成绩的。

构建有效的执行流程

领导者要想提高企业的执行力，除了上文所提到的内容，还需要在企业内部构建起一个有效的执行流程。通过高效的执行流程使执行系统化、制度化，以达到最大的直销效果，提升企业的竞争力。

流程一：设定执行目标

执行与一切管理行为一样，同样需要明确的执行目标。只有明确的执行目标才能给予执行前进的方向，不同的职能部门、员工在工作中才能形成一股合力，更好地发挥出企业整体的力量，表现出知识与技能的聚合作用，从而更好地促进目标的完成。

企业的“执行力”最终表现为整体的力量，这首先就要求企业形成一种共同愿景，领导者要让员工看到企业发展的前途和方向，保持企业行为和员工行为的一致性，并为共同的奋斗目标而努力。这是建立在

企业在对内外部信息和各类资源进行认真分析，考虑到执行的可行性，特别是建立在对一系列问题得以确认并提出构想的基础上的。

细分目标可以使其具有更强的可执行性，同时也能把共同愿景和实际执行有效地衔接起来。细分目标就是把共同的愿景分解为企业目标、部门目标和员工目标，使目标更系统，有层次感，也让执行更具有“可操作性”。目标的细分正是把企业的战略目标具体化，具有可操作性，使个人与部门的执行方向和执行情况一目了然。这就要求领导者不仅要确定企业的整个战略目标，同时也要确定每位员工、每个部门的执行目标。否则就会使目标在执行的过程中存在非常大的不确定性，从而造成策略目标在执行过程中的巨大偏差。

BN 公司成立于 1992 年，是一家提供综合性市场营销解决方案的咨询机构，除了一般的公关、广告业务外，该公司的特色是以市场研究作为前期的切入点，帮助企业分析它的现状和它尚未进入的新市场的一些问题，并提出相应的解决方案。

为了使公司员工有明确的执行目标，BN 公司制定了绩效考核制度。这套绩效考核制度已经成为公司的管理核心，与公司的业务方向、价值观融为一体，卓有成效。整套绩效考核体系包括每月的 MBO（目标管理）评估（被评估人：全体员工）、季度优秀员工评选、年终考核（被评估人：中、高层管理人员）和年度优秀经理人评选（对象：部门经理）等。其中每月一次的 MBO 评估是整个系统的基础。

MBO 主要是一些西方公司特别是欧美公司采用的一种评估方式，BN 公司对它进行了本地化，从内容和形式都对其进行了改造，但是保留了其最基本的东西，即“结果导向”。这也是 BN 公司的一个核心价值观，重视结果而不是过程。

从 MBO 中，员工学会了从眼前的琐事中放眼出去，着眼于大的目标，再把它逐项分解，落实到每天每月的工作中。这改变了许多员工的观念，过去他们认为工作就是领导让干什么就干什么，自己没有目标和方向，更谈不上主动性；而现在，员工们对自己每月做什么心中有数，充分地调动了个人的能动性。在这个过程中，员工们每达成一个目标都很有成就感，个人的能力在不知不觉中也有了很大提高。从 2000 年开始，BN 公司要求员工对他当月 MBO 表中所列每个项目的完成情况都做一个小结，附在其 MBO 计划书之后。这样，公司领导层就可以更具体地了解每个人的工作状况；也有利于高层经理和人力资源部横向地比较各部门的人员业绩。2003 年后，公司的人力资源部给每位员工都建立了一个 MBO 档案，存放其每月的 MBO 计划书，这样就更便于了解一个人的成长和对公司的贡献。

BN 公司的 MBO 考核指标有三个特点。一是可持续的；二是有一定难度，但通过努力可以达到；三是可以量化。MBO 有两种性质的指标：质量与超越。比如说一个员工每个月都做财务报表，那么 MBO 就卡质量。如果这个月完成了整个年度目标的 10%，那么下个月就要争取做到 15%，这就是超越。

如今的 BN 公司，有一套很正规的“二联单”式的 MBO 计划书，每个员工每月都要与其直接经理沟通，共同确定自己下个月的工作目标（逐项量化），并对上个月的完成情况进行打分。最后形成的这套一式三份的计划书由员工本人、其直接经理和人力资源部各执一份。MBO 的评估结果与当月奖金直接挂钩。如果 MBO 所列的各项目标全部完成，该员工即可得到相当于其基本工资 40% 的奖金。

在实行 MBO 的过程中，公司的领导者克服了许多阻力，他们通过宣讲公司的总目标、季度目标来促使员工理解目标。MBO 实际上是确定了一个时间，让员工和直接经理坐下来，大概谈一谈上月完成得怎么样，这就给了员工参与整个部门的决策，或者说有关自身的工作安排的一个机会，同时增强了他们对公司的认可度，公司的总目标才会得到很好的执行。否则，如果仅仅是自上而下地压任务，而不跟员工商量，员工的积极性、认可度就会比较差。

正是通过 MBO 这个系统，使 BN 公司的执行目标被分解成了每一位员工的具体执行目标，这就使执行的落实得到了前提条件。

流程二：确定执行方案

有了执行目标后，接下来就是要确定一个具体的执行方案。这关系到如何有效执行企业的发展战略，这是一个比设计战略本身更为重要的步骤，直接决定了将采取哪些具体行动，以及如何将其与公司的人员和运营现实结合起来。

领导者应该建立一个制定计划的机构，专门负责战略计划的制定和实施，并采用一种制定计划的程序，这主要是靠一步一步地进行分析战略来实现的。例如，当分析外界环境时，应考虑到社会、经济、政治和技术发展趋势，以及在过去和将来如何影响到市场、顾客、竞争对手和供应厂商，并由此找出发展机会和对公司可能的威胁；当分析到本公司的资源时，就应考虑到本公司设计、生产、销售、资金和管理等方面的能力，由此找出本公司的强点和弱点；当分析到发展目标时，应考虑到公司股东、贷方、顾客、雇员、供应厂商、政府和社会的期望，并辨别出每一个因素如何指导或限制着企业的发展。总之，这个过程所强调的是对企业进行全面的分析，并在分析时将一切因素都考虑进去。这种分析步骤可以使企业找到发展业务和进行多样化生产的机会。不同范围、新增添的价值和统一的指标，这三者恰是制定执行方案的中心思想，也是在统一的指标下进行分权管理的中心思想。

另外一种确定执行方案的方法是在多种业务之间制定战略计划，其形式之一是制定资源计划。企业应该对各种不同业务部门的职能——财务、人事、技术、生产和销售等进行观察，以求找出节省资源的方法。

流程三：执行的过程

执行是一件艰苦、困难和琐碎的事情，它需要确保企业机器能够一米接一米、一千米接一千米以及一个里程碑接一个里程碑地前进。对绝大多数企业而言，这是一个异常复杂的过程。许多公司都在探求尽可能易行的执行过程，摩托罗拉公司 CEO 詹德的做法就值得深思。

与摩托罗拉前 CEO 高尔文相比，现任 CEO 爱德华詹德是幸运的，他面临的环境是翻盖手机从冷落到热销、诺基亚的失误、半导体行业的复苏……这都给了摩托罗拉重新找回辉煌的机会。

詹德面临的困难和许多业务繁杂的大公司的 CEO 一样，就是业务的取舍。除了占营业收入总额约 40% 的手机业务外，摩托罗拉还涉足芯片、机顶盒、家庭影院设备、有线调制解调器、无线通信基础设施、网络设备和汽车电子等。在 2003 年 1 月份的拉斯韦加斯消费电子展上，这家公司甚至还展出了平板电视——上个世纪 70 年代它已从电视机市场退出。

正是由于摩托罗拉的业务过于发散，使其无法在所有市场上进行有效竞争。詹德的难题就在于，是应把重点放在改善一两种核心业务的业绩以达到华尔街的短期预期，还是致力于对公司的彻底改造，使这家有 75 年历史的公司重新焕发生机。对此，一些分析师建议詹德集中全力搞好手机业务，因为从营业收入来说，手机业务是其核心中的核心——在剥离芯片业务后，手机业务占摩托罗拉总营业收入的比例将超过

50%。而另一部分人却指出，这是一种短视而灾难性的做法，因为手机市场已接近饱和，且竞争异常激烈，利润率的下降之势业已形成，把重心放在手机业务上无疑是自寻死路。摩托罗拉最大的竞争对手诺基亚已认识到这一点，并逐步将业务重心由手机转移到其他潜力更大的业务上。这些分析师认为，摩托罗拉也应在手机业务市场份额进一步下滑前及时抽身，并完全从其他消费电子市场退出。

但是，这两条路明显都不太适合摩托罗拉，前者只关注短期利益，而后者则反之。摩托罗拉需要的是短期利益与长期利益兼顾，詹德需要找到的是一条最适合摩托罗拉的道路，这就要求对公司有个透彻的了解，正如詹德所说的："要打造一家卓越的公司，重要的是要弄清楚什么是自己的强项。"

摩托罗拉在剥离芯片业务后，还剩下五大业务：手机、基础设施设备、双向无线电系统、汽车电子和有线电视。其中有3个2002年营业收入下滑，只有汽车电子和双向无线电系统有所提高。詹德上任后面临的第一个选择——是否收购一些新业务或是舍弃一些业务。

詹德认为，摩托罗拉的技术优势在于移动通信，关键就在于如何发挥这种优势。如果仍然走单纯的语音移动通信的老路子，优势必将难以持久。前任高尔文的失败，部分原因就是因为他坚持走老路子，在移动通信未来发展方向上与董事会发生分歧。这就给了詹德以启示，他必须另辟蹊径，开创新的道路。他选择了无缝移动，是将语音通信、媒体与数据服务融合在一起的一种服务，其实指的就是无论在何时何地，使用何种技术，不同网络和设备之间都能实现顺畅的连接和运行。这是一个新的挑战，同时也是一个巨大的市场机会。按照他的设想，在无缝移动中，所有电子设备都能融合在视频、音频和数据中。

无缝移动的涵义有三，即业务、设备和网络的无缝移动。摩托罗拉总裁兼首席运营官迈克·扎菲罗夫斯基认为：“融合的业务网络将使多个复杂网络融合到一起，使之具备统一的终端用户业务及接入到任何地方的能力。无缝移动设备也将使产品和业务能在多个网络之间无缝运行。”詹德认为，摩托罗拉要做的就是为从前端到后台的所有通信领域提供全方位的解决方案。最终摩托罗拉宣布将其一键通（PoC）方案扩展到多个技术领域，使用户能够实现 GPRS、CDMA20001x、WI－FI 等不同网络之间及网络内的一键连接。

为了实现无缝移动的理念，摩托罗拉收购了 Force Computers 公司，这是一家主要为电信设备、航空电子和医疗影像等领域的原始设备制造商提供嵌入式设备和单板电脑的公司。之后仅过了 3 天，摩托罗拉又与法国电信宣布签署一份联合开发和应用综合无线服务的谅解备忘录。备忘录中指出双方将组建联合研发组，利用一系列无线接入网络和技术，开发并应用针对家庭、办公室、汽车等的创新性综合服务。

詹德另一个重要的任务就是加强摩托罗拉各业务之间的整合，使摩托罗拉成为一家有机整体的公司。通过一系列并购，展开产业链的调整，其触角伸到了包括终端、内容、网络设备、软件、嵌入式电子产品等在内的诸多领域。

上任之初，詹德就指出了摩托罗拉存在的几大显著问题：一是手机市场份额下降；二是错失产品周期；三是即使遇到合适时机、有合适的东西，它也有可能失败。他最大的挑战就是如何使摩托罗拉重新夺回手机市场份额，进一步加强与客户关系，以及将研发转化为市场。

技术出身的詹德曾表示，摩托罗拉吸引他的一个地方是它有众多的研发项目和专利。这是一个宝库，关键在于如何挖掘利用。筛选和取舍是不可避免的，2003 年 1 月份，詹德要求首席技术官帕德马斯里·沃里尔召开一次技术评审会。在评审会上，研究人员向他演示了公司正在进行的主要研发项目，这些项目每年耗费的资金高达 40 亿美元。令他吃惊的是，一些研发甚至给人一种与摩托罗拉毫不相关的感觉，比如囊肿性纤维化试验。个性幽默、直率的詹德说："我发现摩托罗拉有一样做得很好，那就是它爱钻难题。"他坦白地表示，摩托罗拉不仅要缩小其研发范围，还必须注重结果。最大的问题就是如何使自己的研发项目与客户的需求合拍，并使之产生商业效益。在这方面，其最惨痛的教训莫过于铱星项目。这个耗费十几年时间和 26 亿美元的项目，因没有考虑到市场的实际情况最后以失败告终。该公司一位负责手机业务的高管对此痛心疾首，他说："拓荒的是我们，收获的却是别人，这样的例子数不胜数。"

为此，詹德上任后频繁拜访重要客户，听取他们的意见，了解其真实需求。詹德声称，他无意改变摩托罗拉的文化，而只是要往里添加一些东西，包括责任心、执行力、速度、竞争和客户满意度，致力于使摩托罗拉成为一家行动迅速的消费电子巨头。

在这个过程中，詹德的挑战是如何给员工灌输以客户为中心的观念，在日常工作中，詹德也希望用一些实际的例子，增强经理们的市场敏感度。例如，他使用的无线电子邮件机是 Good Technology 公司生产的，因为摩托罗拉没有类似产品。詹德指着他用的那部无线电子邮件机问一些经理："你们准备采取什么措施?"他们回答："那东西现在还不成气候。"这种对市场的麻木让詹德感到惊讶，于是他说："难道你们没有看过《引爆趋势》这本书吗?"这本书讲的正是一些获得巨大成功的产品是如何慢慢地由涓涓细流逐渐转化为洪流，然后释放出势不可挡的能量。詹德强调，如果在引爆趋势出现之前还没有进入某个市场，那就为时已晚了。

詹德从 IBM 公司前 CEO 郭士纳的经历中也获得了灵感。郭士纳刚上任时并没有提出什么重大构想、改革，而是把主要精力放在提高公司的执行能力上。詹德也认为，摩托罗拉现在并不需要进行大规模的调整，而是需要提高执行能力。他说："什么都取代不了出色的执行能力。人们要我拿出一种宏大的构想，可是，目前我从客户那里听到的就是'执行！给我产品！提高公司效率！"'摩托罗拉不止一次地因为执行能力不足而痛失市场先机，如彩屏手机、翻盖手机，摩托罗拉都将部分市场拱手让给了三星；照相手机更是由于生产问题，而未能及时将圣诞节期间旺销的产品交付给无线运营商。

詹德也十分强调紧迫感，尽管他在摩托罗拉没有遇到倒闭的问题，但公司上下仍必须有紧迫感。对于摩托罗拉来说，"紧迫感"是一个恰如其分的词，多年来，摩托罗拉已形成一种行动迟缓的习惯。他遇到的真正的问题是，如何给摩托罗拉业已形成的谨小慎微的、官僚的文化注入一种紧迫感。为此，詹德说："我组建了一个开始行动的班子。聪明的人知道差错出在什么地方，什么地方需要改进。"他用和过去截然不同的评价和激励高级经理的方式、措施和决策，此外他还鼓励大家争论。詹德带领的这个高级领导班子的第一个措施就是改革员工的评估和薪酬方式，摩托罗拉所有员工的奖金将与整个公司的业绩而不是各自所处的业务部的业绩挂钩，员工的业绩表现由营业利润和现金流来确定。詹德还特地增加了 3 个指标，即质量和客户满意度、营业收入增长和团体协作情况。这些措施对于解决摩托罗拉各大事业部之间的相互争夺客户和人力物力等分裂状况，起了很大作用。

所有优秀的领导者带领的企业，在其内部都有一种强烈的“执行文化”，它包括行之有效的价值观、信念以及行为规范，注重承诺、责任心，强调结果导向；领导者不仅要重视策略的制定，更要重视策略的执行，并充满激情地参与到自己的企业当中去，对企业中的所有人坦诚以待。

流程四：执行效果评估

执行评估是执行流程的最后一步，也是非常重要的一步，这是执行反馈的关键，也是改进执行的起点。没有有效的评估是许多企业执行失败的直接原因，执行评估和执行力的提升是互相作用的，评估与执行的融合最终导致了执行效力在组织中的提高。

执行评估包括过程（行为）评估和绩效（产出）评估。前者意指在战略、计划、策略执行过程中的效力测评；后者意指目标达成的程度和执行所取得的成绩。执行本身就是一个过程与结果的结合体，甚至是一个层次更迭、纵横交错的复合体系，仅仅强调执行力修炼的方法、步骤、原则，而未对其成效加以考查，就会使执行力在修炼的螺旋上升过程中缺失上下环之间衔接的关键一环。

执行评估构成了有效提升执行力的管理基础，在管理学上有句经典的名言——“无法评估，就无法管理。”在执行层面上，执行评估的缺失必将最终导致执行成为无本之木、无源之水，最终会使执行失败。

总部位于美国俄亥俄州克里夫兰的林肯电气，在全球的多个工厂生产焊接、切割设备，以及工业用发电机。这家公司在十几年来每个季度都创下骄人的业绩，他们常被认为是提引生产力、节减成本的模范。

在林肯电气的执行组织中，执行评估是核心元素之一。林肯电气的执行评估分为两个部分：生产数量和绩效排名。生产数量是对每位生产线上的员工进行客观、量化的绩效评估，根据生产良品数量论件计酬。员工只要够努力——有时甚至连午餐和休息时间都不停地做——就可能赚到两倍、甚至三倍的工资。林肯电气的政策也规定，不可以因为员工赚“太多”的钱，就改变计件工资制。这直接导致只要在林肯电气工作两年以上的员工，每周至少保证都有30小时的工时。

绩效排名则是员工的绩效排名，这个排名是用来决定员工在红利中所占的比例，员工每年的红利都大致等于员工工资的总额。员工的绩效通常是根据他的可靠度、工作品质、产出成果、创意点子和团队合作等，且主要是由员工的直属主管来评估。

林肯电气的执行评估制度是公司运用客观、明确的绩效评估（产出数量），以及另一较主观的方法（可靠度与合作度）——绩效排名，并将这两部分的结果紧密结合起来，通过公司的薪酬制度加以落实。

企业的执行评估不能仅仅从评估本身进行考察，还要将视野阔宽到执行的资源支持、执行运用的过程以及不同流程之间的配合关系等层面上。领导者要通过对执行评估的结果来提升企业的执行能力，提高企业的竞争力。

让执行更到位

执行是企业管理的一个重要环节，没有执行任何好的战略或目标都不能成功，企业的发展也不过是一句空谈。领导者一定要致力于提高企业的执行力，建立健全执行力系统化的思想，掌握执行力多层次的渗透与平衡，使各级执行者都能明确各自执行力的重点和难点，只有让执行更到位，才能实现企业的发展壮大。

佳能是全球领先的生产影像与信息产品的综合集团，经过几十年的努力奋斗，佳能成功地将自己的业务全球化并扩展到行业的各个领域。目前，佳能的产品系列共分布于三大领域：个人产品、办公设备和工业设备，主要产品包括照相机及镜头、数码相机、打印机、复印机、传真机、扫描仪、广播设备、医疗器材及半导体生产设备等等。佳能在美洲、欧洲、亚洲以及日本设有4大区域性销售总部，在世界各地拥有子公司203家，雇员约93000人。

佳能的成功很大原因就在于他们强大的执行力，正是高效的执行能力让佳能不断创新。众所周知，日本公司战后的成功就在于其对现代技术的应用，对世界信息技术市场的强力角逐和高度重视，这使日本企业占据了家用电器、办公设备和生产设备方面的统治地位。佳能公司得以成为世界上第六个收入最高的计算机和办公室设备公司，足以说明其在信息技术方面的领先地位。据悉，佳能总是将总部年销额的10%拨为开发独创技术的费用，在佳能过去几十年的发展中，科技创新扮演着重要的角色，从照相机到办公设备再到数字设备，佳能总是不断创新。

1937年，佳能公司凭借光学技术起家；19世纪70年初研制出日本第一台普通纸复印机；80年代初，首次开发成功气泡喷墨打印技术，并将其产品推向全世界。在美国专利商标局公布的2002年在美专利注册数量排名中佳能名列第二，至此，佳能连续十年进入该排名前三名。佳能公司的社长御手洗先生将佳能的历史分成两个30年，最初的30年是佳能技术突破与加强全球化发展的阶段，在这一阶段佳能得到了产品质量和技术革新的美好赞誉；佳能发展的第二个30年始于1967年，带着“右手抓照相机，左手抓办公设备”这句宣言，佳能引入了他们的第二个基本战略：多样化，在随后的30年里，佳能在办公设备、电子、磁记录、电子仪器和原料等领域进行了新技术的开发，佳能公司也建立了遍布全球的强大业务网络。70年代，佳能扩展了其在全球的销售网，80年代完成了公司生产区域的全球化，90年代则在欧洲、美洲和澳大利亚建立了研究与开发机构。

1988年，佳能老会长贺来龙三郎先生面对全球化的挑战提出了“共生”哲学，其目标就是为了大众的利益共同工作和生活，促进人与人之间、人与社会之间、人与自然之间的相互理解并和谐相处，使地球上的每一个体都能享受到地球的馈赠。出于这种“共生”的理念，佳能公司在保护生态方面成为世界制造业的先驱，并逐步增加了复印机再制造和墨盒可回收项目。而其在全球的20多家工厂的环境管理系统也早已赢得国际认可，获得了ISO14001国际环保认证。此外，佳能还推出了太阳能板并进行了首次生物法改良土质的试验，并致力于世界各地分公司的本土化。佳能未来的全球目标，是在《幸福》杂志所排列的全球最大工业公司中名列前10位。其社长御手洗认为：“这意味着将与世界上那些最大的、最优秀的公司相竞争。如果我们牢牢把握住这个目标，并向着多样化与全球化战略不断迈进，我相信我们的目标将在30年内由理想变为现实。”

在佳能公司的目标中有这样一段话：“我们将以领先的技术创造出最优秀的产品，我们有这种责任和义务。为了达到这个目标，我们将在R&D、产品计划和市场营销领域以一种进取的态度团结努力。”这种思想渗透到了公司的各个部门，R&D（研究和开发）贯穿于佳能的总体战略思想中，并成为佳能行为和管理模式的中心。

佳能的 R&D 实行的是产品部管理体制，其项目梯队不仅在新产品开发中使用，而且该方法用于解决整个佳能公司管理领域上的各种问题。这一体制是项目梯队的经营活动和管理活动组成紧密的结合，以实现企业的经营效率和创新的有效性同时并举，职能部门和各分部密切合作，对提高佳能的创新能力起着重要的作用。同时，每个产品分部的中期管理计划，都由公司产品部的开发中心制定，然后这个为期三年的产品开发计划提交到每年秋季举办的产品战略国际研讨会上。正是依靠创新的理念，佳能公司把执行力落实到了公司的每一角落，让执行得到更好的贯彻。

落实执行，让执行更到位是每一位领导者工作的重中之重，只有让执行落实到企业的每一项任务中才能让执行更彻底、更到位，才能让企业得到更好的发展进步。

第十二章

用人能力：领导者也应是一位好伯乐

领导者应该把人才当作企业中最重要、最宝贵、最稀缺的资源去对待，正如松下幸之助所说“企业最好的资产是人”，领导者只有用好了“人”这个资产，才能带领企业无往不胜，获得成功。

领导者的职责是教导而不是控制

很多时候，领导者的角色有点像是运动队里的教练，一支球队成绩的好坏与它的教练是绝对分不开的。球星的出现并不是因为他们是天才，而是他们幸运地遇到了一个能识别并教导栽培他们的教练；同样优秀员工的出现也在于他们遇到了一位能开发自己全部潜力的领导者。

教练的责任是对整个队伍的教导，他的责任不是仅仅提高某一位队员的素质，而是全面提高所有队员的能力，提升队伍的竞争力。领导者也一样，你的工作就是教导整个组织，而不是控制。

领导者要实现这一点，要做的就是把自己的思想和权力和企业的每一位员工分享。GE 前首席执行官杰克·韦尔奇就是这样一位成功的教导者，通用电气公司连续三年被美国《财富》杂志评为“最受大众推崇的企业”，这和韦尔奇一直致力于建立最优秀的工作团队密切相关。韦尔奇把通用看作为一个非正式的学习组织，他不惜重金对智力资本进行投资。从装配线的培训到公司课堂演讲，再到董事会办公室里的核心领导能力的开发，通用每年在世界各地用于教育与培训项目上的资金多达 5 亿美元。这位把 50 年以上的时间都花在人事上的首席执行官认为，他最大的成就就是关心和培养了一大批人才，并让这些一流的人才在通用如鱼得水。他说："从人类精神深处流出的创造力永无止境，你所要做的只是挖掘这口智慧之井。"

他在任期间一直致力于教导培养优秀的员工，GE位于克罗顿维尔市的主管训练中心，是世界上第一所主要由公司建立的商业学校。韦尔奇上任后，使其成为传播公司文化和思维的工具，每年有一万名以上的人员在此接受培训。韦尔奇在长达15年的时间里，每半个月就要前往训练中心一次，亲自给学员上课，与他们一起探讨问题，交换意见，表达自己的想法。对韦尔奇而言，任何一项活动，包括策略研讨、预算会议，甚至执行官年度报告，都是教导和学习的大好机会。

韦尔奇是企业界登峰造极的领导艺术大师。GE公司高级副总裁盖利就说："韦尔奇总能刚柔并济，恩威并施。当他交给你奖金或优先认股权时，他同时也会让你知道他在来年想要的东西。"

企业界更是对韦尔奇的管理思想推崇备至，许多领导者也竭力想要模仿他的管理方法，例如主管训练中心的课程、GE公司的改革促进计划、"不是排名一二，就是整顿、裁撤或卖掉"的策略，以及"无疆界"的组织概念。可是很多人却忽略了韦尔奇最伟大之处——他所扮演的教练的角色。真正使GE公司出类拔萃的，不是那个重新全盘思考公司走向、或替公司赚进530亿资产、卖掉160亿资产的韦尔奇，而是那个世界一流导师的韦尔奇。

无独有偶，英特尔公司的安德鲁·格罗夫也是一个"伟大的教练"。他在自己的著作《十倍速时代》中曾这样说："我是一名工程师，也是一位主管，而总是有一股冲动，想把自己领悟到的东西教导或分享给其他人。正是这股冲动使我想把学到的种种教训与他人分享。"因此，他不但亲自为英特尔员工讲课，同时还在斯坦福商学研究所任教，还曾出版多部著作。

格罗夫的教导核心是强调员工的核心能力和特质，他说："企业如何度过这些时期，取决于一个非常'软性'且相当敏感的课题：管理层对危机的情绪性反应。"因此，格罗夫花很多精力传授领导技巧。他认为他有能力培养出与他同样具有热忱，且有能力顺应情况变化的领导人，而这"对英特尔的成功一直有很大帮助"。

领导者最重要的工作之一就是教导，实际上，领导者正是通过教导来领导员工。领导不是规定特定的做法，不是发号施令与要求服从，领导是要让其他人看到真实的情况，并了解达成组织目标所需采取的行动。教导关系到如何有效传达领导者的想法和价值，如何实现企业的竞争力。

因此，领导者首先必须是一位教导者，如果你没有在教导，你就不是在领导。

欲兴业，先聚才

得人才者得天下，失人才者失天下。一个国家如此，一个企业亦然。无数企业因人才而兴，又因人才而败。这就给了所有领导者一个启示——欲兴业，先聚才。美国福特汽车公司的兴衰史，可以说充分反映了人才对企业生死攸关的重要性。

亨利·福特一世在提出"要使汽车大众化"的宏伟目标时，就清楚单凭他自己一个人是不可能实现这样的宏愿的。于是，在他第三次创办汽车公司时，聘请了管理专家詹姆斯·库兹恩斯出任经理，他通过深入细致的市场调查，提出了福特汽车要走大众化的道路，并且为福特公司设计了第一条汽车装配流水线，把劳动生产率提高了80倍，也让他成了“汽车大王”。可是，当福特被冠以“汽车大王”称号后，却被胜利冲昏了头脑，变得自以为是，独断专行。他开始排斥不同意见，并宣称“要清扫掉挡道的老鼠”。为此，他先后清除了一大批为公司做出过重要贡献的关键人物，包括被称为“世界推销冠军”的霍金斯，有“技术三魔”美称的詹姆，“机床专家”摩尔根，传送带组装的创始人克郎和艾夫利，“生产专家”努森，“法律智囊”拉索，以及公司的司库兼副总裁克林根、史密斯等。

经过福特这一系列的行动，福特公司内最优秀的生产、技术管理等方面的专家全部被赶走了，这使得福特公司立即失去了昔日的活力，也导致公司慢慢走向了衰落。当福特二世接手时，公司每月的亏损已经达到了900多万美元。这就是不肯接纳人才的恶果。

当福特二世接手公司后，他吸取了福特一世的经验教训，不惜高价，聘请了号称“神童”、“蓝血十杰”的“桑顿小组”——二战时期美国空军的后勤管理小组；又任用原通用汽车公司的副总裁欧内斯特·布里奇负责福特公司的工作。布里奇精于成本分析，他又给福特公司带来了通用汽车公司的几名高级管理人员威廉·戈塞特、路易斯·克鲁索、D·S·哈德和哈罗德·扬格伦等优秀人才。在这些人才的努力下，福特公司进行了一系列改革，这让公司重新焕发了生机，利润也连年上升，并推出了一种外形美观、价格合理、操作方便、适用广泛的“野马”轿车，创下了福特新车首年销售量的最高纪录，把“福特王国”又一次推向了事业的高峰。新星李·艾柯卡正是在“野马”车的开发、销售过程中，表现出了非凡的才能。

但是好景不长，后来的福特二世也走上了他父亲的老路，不仅专断拒谏，甚至忌贤妒能，布里奇、麦克纳马拉等人才也被迫离开了福特公司，又以突然袭击的手段解雇了艾柯卡等3位经理，又一次使福特公司陷入困境。最终他也不得不辞掉了公司董事长的职务，结束了福特家族77年对福特公司的统治。

福特公司的两次兴盛，正证实了这个“欲兴业，先聚才”的道理，没有大批人才的辅助，福特公司是根本无法取得如今的成绩的。福特公司的成功，源自启用优秀的人才，而它的失败亦是因为不肯接纳人才。

领导者应该清楚，无论企业兴衰，人才都是不可缺少的。拥有了人才，企业的发展才有保证，竞争才能取得优势，否则，只有失败一条路可走。

把敌人变成自己需要的人

人才是企业最宝贵的财富，领导者要重视人才、发现人才、培养人才，让他们成为你的得力帮手。就像洛克菲勒所说的那样：“为了某一个人才，我会不顾一切地去求他，即使是对他百般吹捧、奉承也在所不惜，甚至还会不顾廉耻地去拍他的马屁哩！”

洛克菲勒是这样说的，也是这样做的。虽然他一生树敌无数，并且和他的敌人间存在着一种难以调和的矛盾——利益的冲突。但是他却很善于利用这种矛盾，并不断地从敌人阵营中，把那些最有生存力和竞争力的强者挖到自己的阵营中来，并为己所用。在洛克菲勒帝国的核心领导层中，有许多都是从他的敌人转变而来的人才，正是这些优秀的人才不断支撑着美孚石油的扩张。

其中，受洛克菲勒笼络在他之后继任美孚石油公司第二任董事长阿吉波特的经历最为传奇。当时，洛克菲勒为了控制石油行业，达到自己彻底垄断的目的，成立了一家名为“南方开发公司”的控股公司，他计划凭此公司来吸收并控制一些有影响的石油公司。南方开发公司甚至还与铁路大联盟签订了运费协议，将参加这个控股公司的石油企业的运费削减为其他公司的一半。一旦这个石油联盟成立，要不加入这个联盟，破产就成了其他中小企业的唯一选择。

当时的阿吉波特年仅 24 岁，他是一位领导天才，当初他仅凭 800 美元投身于炼油业，经过苦心经营，月生产量就达到了 25000 桶。即使如此，他也面临着被南方开发公司收购的危机。在众多中小生产者一筹莫展的时候，阿吉波特提出了大封锁对策。他计划成立一个生产者同盟，并组成自卫武装，限制向洛克菲勒集团提供原油。同时，他还印刷了 3 万份传单，分别送给华盛顿联邦议员和州法院。此举让舆论大哗，社会公众纷纷指责洛克菲勒心狠手辣，置他人的生死于不顾。在这种压力下，南方公司的计划胎死腹中了，洛克菲勒也经历了人生的第一次大败，遇到了平生第一位劲敌。

但是，洛克菲勒并没有就此认输，他采取种种策略来分化、瓦解生产者同盟，通过高价收购原油，打破了生产者同盟的封锁计划。最后把同盟的提议者——阿吉波特也拉到了自己的阵营中来。

阿吉波特成立了一家叫艾克美的新公司，并以其曾领导生产者同盟的威望开始收购同类经营者的股票。在站到洛克菲勒一边后，他开始煽动解散生产者同盟，这时众多的小生产者却并不知道，艾克美公司的股权实际上掌握在洛克菲勒手中。终于，在阿吉波特的帮助下洛克菲勒完成了一统天下的霸业。

阿吉波特在洛克菲勒建立庞大的托拉斯组织的进程中，从兼并到行业垄断的全过程中都起了非常重要的作用，并成为了美孚公司领导层中的后起之秀，深得洛克菲勒的信任。洛克菲勒退休之后，力举阿吉波特作为第二任董事长，领导他庞大的帝国进一步拓展。

同样的人物还有律师多德，他是当时最有才干的一位律师，也是最早的专门接受公司委托的律师。在洛克菲勒推行南方开发公司方案的期间，他曾多次在公开会议上指责美孚公司是条“蟒蛇”；他还代表产油区对美孚公司进行诉讼。但这并没有妨碍洛克菲勒将他收为己用，当他的石油帝国规模膨胀到足以与美国的法律相抵触时，他向多德伸出了求援之手，他希望多德能利用法律知识帮助他建造一个完美的经济帝国。多德于 1882 年根据洛克菲勒的授意炮制出了托拉斯协定，美孚石油公司改组为美孚托拉斯，使洛克菲勒能以信托方式来掩盖明目张胆的垄断。这一托拉斯体制成功地防止了外界对它进行调查和揭露，不但使洛克菲勒精心勾画十年的垄断蓝图得以实现，而且也改变了资本主义社会的发展史，形成美国历史上独特的托拉斯垄断时代。对此，多德实在功不可没。

在洛克菲勒的庞大帝国中，还有许多这种各具特色，足以独当一面的优秀人才。正是由于洛克菲勒不断地把眼光投到敌对的阵营中，去挖掘人才，吸引人才，他才得以广揽天下人才，成就了一代霸业。

领导者要学习洛克菲勒这种襟怀，对敌人不仅可用，更可大用，那些足以和你为敌的竞争者都是具备了极强的实力的，如果能让他们为己所用，必然就能扩大自己的优势，在竞争中占据有利位置。

知人善任是领导者成功领导下属的必备条件

求贤若渴是领导者的责任，知人善任则是领导者的必备素质，这是让人才能力得到最大限度发挥的必然要求。正如西方古典管理理论的大家亨利·法约尔所说的那样“每件东西都有一个位置，每个东西都应放在它的位置上。”领导者一定要为人才安排一个最适合他的位置，让他充分施展。

领导者的职责是管理员工，促进工作顺利开展，而理顺任务与人员的关系正是实现这一目的最有效的保证。总的说来，领导者做出有效的人员配置有以下几个重要步骤需要注意：

（1）仔细考虑人员任命的核心问题

领导者在任命员工之前，首先要搞清楚任命的原因和想要达到的目标，并找到最合适的人选。比如，要任命的是一个新地区的营销主管，负责此工作的人，就应弄清楚这项任命的核心：要录用并培训新的营销员，是因为现在的营销员不合要求？还是因为要开展、渗透新市场？或是要为新产品开辟市场？根据这些具体目标的不同，就需要任命不同的人才。

（2）要确定备选人才的范围

领导者必须有一定数量的人才储备以供选择，如果企业在任命职务时没有相当数目的考虑对象，那么就难以找到最适合的人选，最多只是“矬子里面拔将军”。一般来说，一个岗位至少要有 3－5 名合格的候选人，其核心的问题是：每个人所拥有的长处是什么？这些长处是否适合于这项任命？领导者要注意，短处固然可以把候选人排除，但是更重要的是他们的长处是否适合岗位的要求，如果答案是肯定的就应该放手让他们去做，而不要去注意他们身上的短处，这是使企业取得优异成绩的关键。

优秀的领导者懂得这样的道理——用人不能以其弱点为基础，要想取得成果，就需要用人之所长。发挥人才的长处，才能提高组织的执行力和竞争力。领导者的任务就在于运用每一个人的长处。

（3）在选拔人才时进行广泛的讨论

领导者个人的独自判断往往是毫无价值的，因为这会导致偏见、好恶，领导者在选拔任命人才时一定要进行广泛的讨论，倾听别人的看法。让这种讨论成为人事任命中的正式步骤，这样才能让人才获得最好的施展。

（4）帮助被任命人了解职位

领导者有责任让被任命人了解职位的要求，要让他们清楚自己的工作、职责，并制定出一整套计划和执行策略，同时，还要指出他已经做错的问题。只有如此，才能使被任命的候选人更好地完成任务。

（5）还要根据不同人才的性格分配工作

领导者要根据人才的性格为他们安排工作，应以现有的空缺和员工是否能立刻称职为依据，否则只能使工作缺乏效率。同时，若能提供员工足够的培训和相当的自由，必能减少大部分的冲突，而且能提高效率。

企业组织的构成就像一架精密的机器，它的构成是极其严格、缜密的，任何一个部件上的差错都会使这架机器难以发挥出应用的作用。因此，领导者只有将人才安排到最适合他的位置上，才能发挥出最大的效能。

善于用比自己强的人

领导者要学会使用比自己强的人，美国钢铁大王卡耐基的墓碑上就刻着一句这样的话："一位知道选用比他本人能力更强的人来为他工作的人安息在这里。"这也是卡耐基成功的秘诀，他所以能成为钢铁大王，并非由于他本人有什么了不起的能力，而是因为他敢用比自己强的人，能看到并发挥他们的长处。卡耐基虽然被称为"钢铁大王"，但他却是一个对冶金技术一窍不通的门外汉，他的成功完全是因为他卓越的识人和用人才能——总能找到精通冶金工业技术、擅长发明创造的人才为他服务。比如，世界上出色的冶炼工程专家之一比利·琼斯，就终日在位于匹兹堡的卡耐基钢铁公司埋头苦干。

和卡耐基类似，美国奥格尔维·马瑟公司的总裁戴维·奥格尔维也有个习惯：每次一有新的经理上任，他都要赠送他们一件礼品——俄罗斯套娃。这件小小的礼品中蕴藏着很深的涵义，套娃是大娃娃里有个中娃娃，中娃娃里有个小娃娃，小娃娃里还有一张字条，上面写着："如果我们每一个人都雇用比我们自己小的人，我们公司就会变成一个矮人国，侏儒成群。但是如果我们每个人都雇用比我们自己高大的人，我们就能成为巨人公司。"

郭广昌是上海复星高科技集团的董事长，他成功的秘诀就在于使用比自己更强的人。郭广昌自称毕业于"什么都没学"的哲学专业，他说自己什么都不会、什么都不专。但正是“身无长技”反到成了他最大的特长，这逼得他成为了一个善于用比自己更强的人——一有问题出现他就要去请教专家。

郭广昌认为：“领导者一定要学会使用比自己强的人，要学会用你的老师——每个比我强的人都是我的老师；要学会用在某个领域比自己强的人——这些人就是专家。企业家经营的过程，其实就是一个不断找老师的过程；而复星能够快速发展到今天，也就是老师找得多、找得准。”郭广昌明白，能不能找到最好的人、有没有找到最优秀的人的眼光，直接关系到企业的成败。最大的投资失误，不是某个项目的得失，而是没有找对合适的人选。

领导者必须具有敢于和善于使用强者的胆量和能力。在企业内部激励、重用比自己更优秀的人才，更为企业带来活力，让企业变得越来越有竞争力。有些领导者之所以不愿意用比自己强的人，不是因为他们不能发现优秀的人才，而是因为妒贤嫉能的心理难以克服，这样的领导者总以为自己是领导者因此在各方面都应该比别人高上一筹，一旦遇上比自己强的人才就萌生妒意，采取种种办法打压他们。

对于领导者来说，妒贤嫉能无异于自掘坟墓，古人说：“师不必贤于弟子，弟子不必不如师。闻道有先后，术业有专攻。”这同样适用于领导者和员工，对那些强于自己的员工，领导者更要予以重用，使其各尽其才，各尽其能，让他们能安心为企业奋斗，用他们的才华铸就企业事业的辉煌。

发掘下属的潜能是领导者用人的基础

杰克·韦尔奇曾说："领导者必须想尽办法，挖掘出员工的最大潜能。要相信，员工的潜质绝对超乎你的想象，只要你肯去挖掘，你就会得到一笔惊人的财富，这是追求卓越的最重要的工作。"

正是基于这样的理念，杰克·韦尔奇毕生致力于发掘员工的潜能，力争让他们感觉到一种能够引以自豪的成就感，哪怕是他们在短时期内没能达到这些高标准的要求。因为韦尔奇认为，那些勇于向原定目标挑战的人员最应该受到奖励，哪怕他们没有实现他们的卓越目标。他并非强求每个人都能够实现"远大卓越"的目标，只要为此尽了150%的努力，并发挥出自己的最大潜能就够了。

韦尔奇发掘员工的潜能的做法很特别，他认为，最大限度发挥员工潜能的关键就在于制定高标准的业绩目标，因此，在公司能力范围内，计算出可以达到的，合理的业绩目标就是第一步。而接下来，也是最为关键的一步，则是设定一个更高的目标，它们看起来似乎很难实现，需要付出极大的努力才有可能达成。但是，只要敢于朝着这些看似不可能的目标付出不懈的努力，最终往往都能如愿以偿，即便没有实现这些目标，但结果肯定也会比预想的好得多。

杰克·韦尔奇就是通过激发员工勇于尝试和不断追求卓越的心态来发掘他们所蕴藏的潜能的，在他看来，员工不仅应当完成既定的目标，而且还应该努力超越这些目标。当然，如果员工们实在没有能力来达到一些"过高"的要求，也不应该受到指责和惩罚，只要他们确实为此付出了足够的努力。作为一名领导者，任何时候都要想清楚这样一个问题：“是否有必要要求你的员工必须完成那些很高的业绩目标，还是说，只要尽力就达到目的了。”

如果员工真的无法达到“追求卓越”的高标准目标，韦尔奇对此也早已成竹在胸，他认为：“如果某个团队没有完成目标。那么，没有关系，再给这个团队一次机会。如果他们再次失败，那么，不妨换个团队领导试试看。但无论如何，你都不可以因为不能够实现这些高标准的目标而惩罚任何人……假如你的目标是10，而现在的状态只是2，那么当你取得4的成绩时，我们就会为你举杯庆贺。我们还将发放丰厚的红利，并为此举办盛大的庆祝晚宴……当你进步到了6的时候，我们将再次为你举杯庆祝。”

杰克·韦尔奇认为，只要员工勇于尝试并不断追求卓越，就会为公司的发展赢得更多的时间和空间，正是这种心态在员工的工作中发挥了重要的作用，并极大地促使了通用人为了完成韦尔奇所制定的远大目标发挥出最大的潜能。

优秀只能生存，只有卓越才能发展。韦尔奇就是通过不断发掘员工的潜能来促使他们追求卓越，并使之成为通用公司发展的丰厚财富，此外他还通过这种“追求卓越”的目标在公司中普及了积极进取的企业文化，使全体员工的工作潜力在这种企业文化的熏陶下得到了最大的发挥，使通用电气获得了最大的收益。

任人唯贤而不是任人唯亲

任人唯贤，唯才是举是每一位企业领导者都应该具备的素质，只有任人唯贤才能带领企业克服种种弊端，走向成功。任人唯贤是领导者成事与否的关键，能否将贤才放在最需要的位置上，能否放手使用贤才，更是领导者能否成功的关键。

中国的私营企业80%是家族式的，但是希望集团的刘永行却认为："企业是我刘家的，但我们的事业却是全社会的。因此，在我的公司里不用亲人用外人，我给每一个外来员工以生存发展的空间，让他们能捕捉到希望。"

刘永行在他的希望集团坚持不用亲属，他认为希望集团本来就是私营企业，人家正怕来你的公司不被重用，如果你的周围又是一群亲属，还有谁敢来？"家族企业的弊病导致社会精英进不来，而一家人的思维方式多少有些类似，没有一个突破点。另外大家各有各的想法，各自能力又很强，要决策某件事就很难，容易耽误商机"。鉴于此，刘永行宁愿矫枉过正也不任用亲属。希望集团也正是因此吸引了一批批优秀的人才。

希望集团里，有曾经是国有大企业的老总，有政府部门的厅局级干部，有大学里的教授，也有留洋的博士，硕士和大学生更有一大批。有人在来的时候就对刘永行说："来你这以前我做了一些调查，发现确实没有任用亲属，而是给了每个人真正的生存、发展空间。就凭这一点，我也要来。"刘永行觉得这就是他的成绩，他也一直很自豪地宣称"东方希望的高层领导者里没有一个家族成员"。

中国的私营企业在创业初期往往是"上阵还需父子兵"，这自然是有好处的，最大的益处就是互相之间了解且信任，在面对困难的时候能够同甘共苦，有劲儿一块使。但是这种模式一旦企业作大就产生了问题

——谁是老大？谁说了算？谁该多得一点？这些问题在企业规模扩大后就都出现了。之后就会因为争夺“老大”的位置，而导致企业陷入无政府状态，让企业陷入混乱。鉴于此，刘永行在希望集团坚决杜绝任用亲属，他认为，民企成长需要过三关：企业发展大了，就该明确谁的钱该是多少，谁的股权又该是多少？这就叫分银饷，是要过的第一关。第二关则是论荣辱——谁的功劳大？谁的功劳小？谁做代表？谁是企业的发言人？第三关则是排座次——谁当董事长？谁当总裁……总得有一个说法。当企业发展到一定规模的时候，上面三个问题就成了困扰民营企业发展的大问题。

幸运的是，希望集团顺利地过了这三关。1992 年进行了第一次调整：老大成立一家公司搞电子、搞高科技，现在主要发展中央空调，申请了 20 多项专利；刘永行跟老三联手做饲料；老四则做起了房地产、酒店。第二次调整则是 1995 年，希望集团一分为四，四兄弟进一步明晰了产权：希望集团保留位于成都的全国最大饲料厂、四川市场占有率最高的美好火腿厂以及饲料科研中心三大板块产权，其余全部产业分划为大陆希望集团、东方希望集团、华西希望集团和新希望集团四个子集团，分别归刘永言、刘永行、刘永美、刘永好所有，并各自担任集团的董事长，对各自的集团负责。刘永行还兼任希望集团总董事长。这一改革让希望集团保留了共同的工厂，同时也让大家可以进行各自发展。在“希望”这杆大旗下，四兄弟各自负责，各占所长，迎来了新的发展。

试想，如果希望集团没有进行这两次改组，恐怕是不具备现在的规模的。可见，只有企业领导者任人唯贤而不是任人唯亲才能让企业得到更好的发展。

学会用企业外部的人

领导者是企业的中枢神经，一名优秀的领导者能够为企业提供成功的经营思想和理论，能够决定企业的长远和近期目标，能够预测市场的变化，带领企业把握机遇，勇渡难关，更能消除企业内部存在的发展隐患，保证企业的长远发展。

领导者在用人时应该学会用企业外部的人来为企业的发展提供新的动力，这是因为那些来自企业外部的优秀人才往往能客观地评价企业的现状，他们可以毫不含糊地指出企业存在的缺陷和不足，而且因为他们来自企业外部可以不被任何裙带关系和人情所约束，果断地执行企业的决策，已完全不同于企业常规的方式工作，为企业输入新的思想血液和发展动力。

克莱斯勒汽车公司与艾柯卡的胜利就有力地说明了这一点，克莱斯勒汽车公司是美国三大汽车公司之一，在其近80年的发展历程中，当属20世纪70年代中期至80年代初的经营危机最为严重，公司几近破产。带领克莱斯勒走出困境的是汽车业的领导天才李·艾柯卡，艾柯卡是一位经营奇才，他曾参与过多款汽车的设计和销售，对汽车行业有着非常独特的见解和丰富的经验。当时他刚刚与他的前东家福特公司闹翻，克莱斯勒公司的董事会立刻聘请他担任总裁，希望他来挽救正濒临倒闭的公司。

克莱斯勒公司的状况当时非常糟糕，公司纪律松弛，35位副总裁各把一方，互不通气；财务混乱，现金枯竭；产品粗制滥造，积压严重。就在艾柯卡上任当天，克莱斯勒公司还宣布了连续3个季度的亏损达1.6亿美元。针对公司的种种弊病，艾柯卡果断地采取措施，并大刀阔斧地进行了改革。

改革的第一项措施就是整顿队伍，他关闭了克莱斯勒公司的20个工厂，3年中裁员达7.4万人，35个副总裁被他先后辞退了33个，高层部门的28名经理也被撤掉了24名。留用员工减薪高达12亿美元，其中最高管理层的各级人员减薪10%，而他自己的年薪也减至象征性的1美元。同时，他还从福特公司原来的管理层中挖来了一些干将，又提拔了克莱斯勒公司的一批优秀人才，从而建立起了一个拥有一流管理能手和理财专家的领导团队。

此外，艾柯卡还采取措施，集中公司的人力、物力、财力，设计生产适销对路的产品。在他的努力下，克莱斯勒公司还得到了美国国会给予的15亿美元的贷款，这笔钱被他用来发展新型轿车，并取得了成功。在20世纪80年代国际石油价格开始下降，国内汽油供应日趋缓和的新形势下，他提前预测出大型家用汽车的畅销，果断地加大“纽约人”牌中型车的产量，取得了大胜。同时，1982年，他又组织开发出更加新颖时尚的敞篷汽车和高速省油的K型车。

正是在艾柯卡的领导下，克莱斯勒汽车公司不仅走出了自身的困境，更重振了雄风，一度占据了市场第一的地位。艾柯卡的成功，同时也是卡莱斯勒公司董事会的成功，正是因为他们果断聘请了这位来自公司外部的“领导天才”才让克莱斯勒公司恢复了活力，并取得了惊人的成绩。

来自企业外部的人才不仅能够客观评价企业存在的种种问题，同时他还能够弥补企业存在的不足。企业内部人才一个无法避免的缺陷就在于他们往往对弥补企业的弱势无能为力，但是企业只有增强自己的弱项才能增大自己的竞争优势。因此，用来自企业外部的人才弥补企业的弱势是一个不错的选择。

微软是PC机操作系统市场的霸主，比尔·盖茨认为微软不应仅仅是一家开发软件的公司，同时也应该具有营销能力。他开始全体投入市场竞争，但是，微软虽然在软件设计方面人才济济，不乏高手，但是在市场营销方面却实在找不出一个在行的人。盖茨自己虽然不乏雄才大略，但是他在市场营销上是一个不折不扣的门外汉。

于是，盖茨开始从公司外部四处网罗市场营销的高手，这时一个叫杰里·拉丹勃的人引起了他的注意。杰里·拉丹勃最初任职于M&M公司，后来又到阿塔里电脑公司从事销售，如今在利瓦拉技术公司担任销售督导工作，他具有丰富的零售营销技巧、高超的管理能力和实践经验。盖茨认为，他正是微软需要的那种人才。

盖茨经过努力，终于成功使杰里·拉丹勃同意到微软工作，他凭借自己的经验和知识，在到微软工作几天后就提出了关于营销的建议，他直言不讳地对盖茨说："对于一个大公司而言，没有一支强有力的服务队伍，给用户提供全面、周到的服务，那简直是难以想象的。"之后，在盖茨的支持下，拉丹勃开始着手整顿微软的零售和服务队伍。他把微软的用户服务办公室改组成了用户服务部，扩充人员，建立了一支包括60多名技术人员和30多名支持服务人员组成的用户服务队伍，他们负责从回答用户咨询到技术维修等全套工作。

同时，拉丹勃还对微软的零售队伍进行了大幅度地充实和调整，还对全体人员进行销售、谈判方面的轮训，提高素质。经过这番整顿扩充，微软拥有了一支真正的销售队伍和服务队伍，这就为增强微软的营销能力奠定了基础。

此后，比尔·盖茨还从肥皂大王尼多格拉公司挖来了公司的营销副总裁罗兰德·汉森。汉森是一个对软件开发一窍不通的人，然而他对市场营销却有极其丰富的知识和经验。汉森来到微软后主要负责微软公司的广告、公关和产品服务，以及产品的宣传与推销，在汉森的坚持下，微软公司为所有的产品都确定了“微软”这个品牌，不久之后，“微软”这个品牌就在美国、欧洲，乃至全世界家喻户晓，此举大大提高了微软的市场竞争力。

克莱斯勒和微软的成功都证明了那些来自企业外部的优秀人才对于企业的发展是非常有利的，领导者一定要学会使用他们，让他们为企业带来新的活力和动力，弥补和增强自己的弱项，让企业在复杂的市场竞争中占据优势。

用人须为下属塑造赢者心态

工作的成绩往往取决于员工的精神状态，如果员工能对自己的工作保持一种赢者心态，对自己的工作充满自豪感，把工作看成是一件愉快的事，往往就能取得出人意料的成绩。因此，领导者在用人时就要致力为员工塑造一种赢者心态，让他们以赢家的态度面对工作，面对竞争。

蓝色巨人 IBM 长久以来一直恪守这样一种经管理念：即使是世界上最好的技术，除非它掌握在训练有素、工作欲望强烈的员工手上，否则也是没用的。正是本着这一理念，为员工塑造赢者心态，保持高水平的工作满足感永远是IBM公司首先要考虑的问题。

IBM努力使这种赢者心态深入到每一位员工的骨髓里，董事长沃森说:“我要IBM的员工让人们刮目相看，受人羡慕，我要他们的妻子儿女以他为荣，我要他们的父母被人问及子女工作时不感到羞愧。”正是因为树立了这样一种赢者心态、荣誉感，IBM在半个多世纪以来，虽然经历无数风雨，但一直在IT产业中占据优势。

IBM的员工时刻能感受到这种赢者心态和荣耀、自豪感，为了充分激励起员工的这种精神状态，IBM采取了多种奖励办法，从物质和精神两方面来帮他们树立赢者心态，让他们把自己的切身利益与整个公司的荣辱联系在一起。

IBM公司每年召开一次“金杯庆典”表彰那些取得了优异成绩的员工，公司将优秀员工的事迹拍成电影在全公司播放。同时他们还为工作成绩列入前85%以内的销售人员举行隆重的庆祝活动。此外，公司里所有员工都可以参加“100%俱乐部”举办的为期数天的联欢会，而那些排在前3%的销售人员还会荣获“金杯奖”。当然，对于那些有幸多次荣获“金杯奖”的人来说，就更能增加荣耀感。有几位“金杯奖”获得者就曾20次被评选进入公司的“100%俱乐部”。此外，在“金杯奖”颁奖活动期间，还要放映获奖者本人及其家庭的录像片，以便让人们更了解获奖者，并且把这种荣誉感带给他们的家人。

特别应指出的是，公司的高级领导者自始至终参加这些颁奖活动，这更激起了员工的热情。此外，公司还会花样翻新地做出一些出人意料的决定，来调动员工的积极性和增加公司的凝聚力。公司就为一位员工的业务名片上印上了一面蓝色镶金边的盾牌，这是表彰他25年工龄荣誉徽章的复制图样，同时上面还印着一行烫金的压纹字："国际商用机器公司25年忠实的服务"，这就表明，公司感谢你25年的努力工作。

通过这种精神激励，激起了员工心中的荣誉感，让员工充分认识到了自己的工作价值，也把荣誉和自豪感深深植根于每一位员工的心中，从而极大地激发了他们工作的积极主动性，增强他们的赢者心态。

员工的赢者心态是企业赢者精神的基础，只有企业的每一名员工都树立起赢者心态，才能保证企业在竞争中的赢者精神，并最终促使企业在竞争中获胜。

第十三章

解决能力：领导者要扮演问题终结者的角色

领导者要想在多变的市场竞争中立足，必须练就一种非凡的解决能力，根据不断发展变化的主客观条件，随时调整自己的领导行为，在各种突发事件和危机中带领企业走出困境，创造辉煌。

心存危机者才能生存

欢迎危机而不是畏惧危机

领导者要有点“杞人忧天”的危机意识

在危机中成长

勇于面对危险，勇于承担责任

发散思维，及时变换角度寻找对策

将危机转化为商机

心存危机者才能生存

在这个市场竞争加剧、经营环境越来越复杂多变的大环境中，领导者每天都要面临大量来自种类上、复杂性上、不确定性程度的企业危机。因此，领导者的一个重要工作就是进行“危机管理”。

“心存危机者才能生存”，这是英特尔总裁安迪·格罗夫送给全世界企业家的最好的经营理念，也是他一生经营管理经验的概括总结，更是英特尔风雨三十年的实践结晶，这句话充分揭示了英特尔一直执标准芯片之牛耳几十年而不倒的真谛。

英特尔之所以能独霸电脑芯片市场20余年，完全是得益于格罗夫的这种忧患意识和危机精神。曾经，英特尔由于未能预测到日本企业在IT业的崛起，英特尔几乎被日本企业逼到了悬崖边上。英特尔本来是存储器技术的发明者和先行者，但是在与日本公司的竞争中，英特尔在这一业务市场的占有率很快就由原有的40%被蚕食到不足20%。

此时，格罗夫敏锐地意识到危机的来临，他发觉英特尔已经处在一个至关重要的“危机转折点”上。格罗夫为了拯救英特尔，含泪放弃了自己发明的存储器市场，转而开发微处理器，并在当年研制出386芯片，次年上市；四年后，推出了486系列。此后，英特尔推陈出新的速度越来越快，不久之后586系列诞生，到了1997年，英特尔又推出奔腾系列芯片。通过这一系列的技术创新，英特尔牢牢把主动权掌握在了自己的后里，把竞争对手甩在了身后，创造了一个“英特尔神话”。

和格罗夫类似，比尔·盖茨也说过：“微软永远离破产只有12个月。”微软也曾有过由于缺乏危机意识而险些遭到灭顶之灾的经历，在1994年国际互联网络崛起时，微软遭受了来自全世界的挑战，各大IT公司包括IBM在内，纷纷以发展网络技术及相关产品为契机，向微软发动攻势。而此时的微软并没有准确预测到网络技术及产品的巨大前景，等到他们发觉这一领域的巨大价值后，网景已在浏览器市场占据了80%的份额。好在微软凭借着雄厚的资本，保住了自己的市场。此后，微软的危机意识被激发起来，加快了技术的改革和创新，引领着整个业界的潮流。

PC机市场上的新霸主戴尔公司总裁戴尔说得更直接：“我有的时候半夜会醒，一想起事情就害怕，但如果不是这样的话，那么你很快就会被别人干掉。因为他如果比你更厉害，比你更害怕得睡不着觉，你就会被他干掉。所以我们有时候要自己创造危机，要创造自己的挑战，即使这个市场没有对手。”

没有危机意识是一个领导者最大的危机，孟子在两千多年前就告诫我们“生于忧患、死于安乐”，危机与安乐是如影随形的，危机是普遍的，更是客观存在的。如果领导者不能预先意识到危机，就会使企业陷入危机，并在竞争中处于不利的地位。

没有危机感，其实就有了危机；有了危机感，才能没有危机；在危机感中生存，反而避免了危机。请记住，只有心存危机者才能生存。

欢迎危机而不是畏惧危机

领导者要心想危机，只有这样才能带领企业战胜危机，但就领导者个人而言，则应该欢迎危机。因为危机是领导者自身最好的发力点，也是领导者脱颖而出的良机，它为领导者制造了成功的机会：当所有人都感到无所适从的时候，领导者却能挺身而出，运用自己的才能顺利解决危机，成功扭转局势，这时，你就会成为众人的英雄。因此，领导者应该欢迎危机的到来而不是惧怕危机的产生。

领导力只能在危机中产生，并借危机得到延续。可以说，危机是充分展示领导魅力的一个舞台，领导者在这个舞台上使出全身解数，为的就是完美解决危机，彰显自身的能力，提高自己的领导力。

中良西服作为西北服装业的领军者资产总值达6300万元，下属27个销售分公司，销售网络遍及西北、西南、华北、华东和中部十一个省、市、自治区。1997年中良公司被评为“兰州市十佳外商投资企业”、荣获“96北京中国国际名牌服装服饰博览会金奖”等6项金奖，并被国家统计局、中国人民银行总行等六部委联合评选为“中国十大名牌西服”第三名，与杉杉、雅戈尔等品牌同时成为国产服装品牌中的佼佼者，是年产20万套、年产值突破亿元的西北最大的西服生产企业。中良西服更是大规模向外扩张、迅速在各地建立分公司、专卖店，但是在其发展壮大的背后却是企业内部资金危机、管理脱节、市场反应迟钝，面料、款式、工艺落后，其他品牌又直逼其大本营——西北市场，分割占据其市场份额，导致300万库存积压的企业危机。

面对“中良西服”的种种危机，其董事长季中良通过一则“寻衣启示”使中良西服焕发了生机。这则寻衣启示是这样写的：

中良全心全意献礼忠实消费者！顾客可凭旧款中良西服，添400元即可获得中良公司2001年8月引进意大利精湛工艺全新推出的，21世纪国内精品西服一套（包括：茄克、休闲系列）。如果您再添100元，便可换取意想不到的国际品牌西服一套（单件上衣或西裤均可参加，以成套半价相抵使用）。

中良西服通过“找一找自己的衣柜里有没有旧款‘中良西服’。看一看自己的‘中良西服’有没有过时或破损。想一想自己是否需要一套新西服。算一算现在买一套‘中良西服’划算不划算。”这组口号创造出了消费者新的需求。

与此同时，他们还制定了两阶段、十步骤的策略：

(1) 两阶段：

第一阶段：顾客只能凭已有旧的“中良西服”换取新款“中良西服”。

第二阶段：顾客只要凭旧的任何品牌西服即可参加中良公司的“中良出价80万以新换旧大回报”活动，并利用将换回的衣服当场剪破报废，引发消费者强烈反响；以消费者的呼吁及中良公司的服装，借助政府倡导捐赠贫困山区，引发媒体立体式、卷土式报道，使活动升华到创业绩、稳固消费群体、挖掘潜在消费群体、树立新形象、稳固代理商市场的高度。

(2) 十步骤：

第一步：广告宣传。以《兰州晨报》、《兰州晚报》、《参考消息》、《甘肃青年报》、《西部商报》、《都市天地报》为载体，以硬性广告

“中良出价80万以新换旧大回报”活动及中良公司董事长季中良先生答记者问为形式，以促销活动为诱导，又以季中良董事长对公司发展由盛至衰的过程的剖析和公司先进的技术及此次活动的目的（答谢忠实消费者）及公司未来发展蓝图为背景，向社会大众充分展示本次活动的可信性与主动性。

第二步：新闻报道。特邀优秀记者对第一步内容进行积极地正面评论，以外界的正面舆论为本活动增加热点，增加可信度。

第三步：登记顾客反馈信息。

第四步：换旧衣。

第五步：剪旧衣。中良公司在顾客换旧衣的同时声明衣服要被剪破报废，并当顾客的面用剪刀剪破，以表示出中良以新面料、新工艺、新款式重新出现的决心。此举引起了极大反响，广大消费者纷纷致电要求把旧衣服捐给贫困山区。使此次活动成功由促销升华到公益。

第六步：捐衣服。此举为中良西服，树立了良好的社会形象，赢得了社会美誉，增强了中良与社会公众的亲和力。

第七步：团体订购量身订做。

第八步：重树形象。

第九步：跟踪调查稳固消费群体。中良公司对换衣顾客不定期询问对服装的质量、款式、色泽方面的意见，使消费者能享受到应有的权益，中良公司与消费者之间建立了更进一步的亲和力。

第十步：稳固代理商及零售市场。

中良的这次“以旧换新”活动使中良西服以劣势变优势、以危机变商机，借助自身优势及外界力量以销售促进带动全局、以被动变主动，在短短一个月时间盘活了库存，并缔造了当月销售500万的喜人业绩，稳固了消费者市场、代理商市场和零售商市场，重新树立了中良西服在西北市场的全新形象。同时营造了良好的企业形象，提高了社会知名度、美誉度，大获成功。

领导者解决危机的能力是其领导力的体现，也是企业竞争力的展现。一个真正的领导者，在危机中扮演的是能扭转乾坤的重要角色，而危机正是成就领导力的最好舞台。

领导者要有点“杞人忧天”的危机意识

一个管理学家曾说过“21 世纪，没有危机感是最大的危机”。危机是普遍的，危机是客观的，如果领导者意识不到危机，危机就会由潜到显，由小到大，愈演愈烈，最后酿成灾难性后果。

很多企业的失败都是缺少危机感导致的，如果领导者在成功时就有点“危机意识”，那么很多经营困难、周转不灵、亏损的、濒临倒闭的情况就会被扼杀在摇篮里，不会发生，更不会造成毁灭性的危机。

电脑界的蓝色巨人 IBM 当年的“惨败”就是一个生动的实例。当大型电脑为 IBM 带来丰厚利润时，整个 IBM 都沉浸在成功的喜悦氛围中，危机感尽失。可是，市场环境是在一天天变化的，大型电脑也逐渐被淘汰，更轻便、更便宜的小型电脑开始浮出了水面，越来越多的人开始青睐小型电脑了。但是，IBM 却对市场出现的新情况不予理睬，麻木不仁，没有意识到可能发生的危机，依然沉醉于大型主机电脑铸就的辉煌中，最终让自己陷入了困境，在很长一段时间里一蹶不振。

因此，在成功时充满了危机感，虽然在世人的眼里未免有些“杞人忧天”，但这对一个领导者来说是绝对必要的，这并不是什么庸人自扰，而是企业发展壮大的前瞻性眼光，是成功的领导者与普通的领导者最显著的差别之一。

虽然“杞人忧天”历来被认为是一种可笑的愚蠢的悲观心态，但在某种意义上，尤其是站在领导者的角度上，重新理解这个成语的含义是非常必要的。天是塌不下来的，但人却不能没有防范大自然灾难的忧患意识。企业也是如此，最辉煌的时候仍然要想到失败，这样，就不会得意忘形，不会忘乎所以，就不会尾巴翘到天上去。

美国的波音公司就具有这样一种杞人忧天的危机意识。20 世纪 90 年代初，波音公司面临这巨大的危机，产量大幅下降，经营绩效滑坡，为了走出低谷，波音公司的领导层决定“以毒攻毒”，在危机面前，自曝惨状，以刺激员工，激发他们的干劲，达到复兴波音的目的。

为此，波音公司自己摄制了一部虚拟的电视新闻片：在一个天色灰暗的日子，众多的工人们垂头丧气地拖着沉重的脚步，鱼贯而出，离开了工作多年的飞机制造厂。厂房上面还挂着一块“厂房出售”的牌子。这时扩音器中传来：“今天是波音时代的终结，波音公司关闭了最后的一个车间……”的声音。并将这则新闻片在公司里反复播放。

这则企业倒闭的电视新闻很快就发挥了它的作用，员工们深刻地意识到市场竞争残酷无情，市场经济的大潮随时都会吞噬掉企业，只有不断进取、创新拼搏，才能使企业在经济大潮中乘风破浪，在竞争中立于不败之地。否则，虚幻的模拟倒闭就会成为无法避免的事实。

正如波音公司的总裁菲利普·康迪特所说：“我们的根本目的是要确保 10 年后还能在电话簿上查到本公司。”波音公司很快就尝到了这一行动的甜头，员工们由于充满危机感而努力工作，节约公司每一分钱，充分利用每一分钟，从而使波音公司的飞机制造变得迅速而有效益。

俗话说，“人无远虑，必有近忧”，在这个竞争残酷的时代，任何企业都不能保证自己永远立于不败之地，只有领导者居安思危，未雨绸缪才是带领企业发展的正途。只有领导者多一份危机意识，多做些危机管理工作，才能给予企业多一份保障。

在危机中成长

任何一个企业在其成长的过程中都会遇到“成长危机”，领导者也正是通过不断应对突发的各种危机而获得成长的。这句话可以说在迈克尔·戴尔身上体现的淋漓尽致。

迈克尔此时已经以系统化的程序建立起了公司——以最快的速度、最具竞争力的价格和完善的服务为后盾，为顾客提供所需要的高品质电脑。在20世纪80年代末期至90年代初期，戴尔经历了最主要的成长高峰期，其年销售额总值增长率达97%；而净收入的增长更是快的惊人，年度增长高达166%。就某种程度来说，增长似乎是戴尔最强的优势，但由于戴尔电脑在那时还很年轻，迈克尔和他的伙伴们也不了解市场，只知道一味追求成长，接踵而来的成功却演变成了戴尔最大的致命伤。

戴尔第一次受到的重大挫折是与存货有关。

戴尔在当时采取的是一律的“不过度承诺，但超值递送”的原则，戴尔的名声也有一部分正是来自其自身良好的库存管理，因为这种方式可以提供更快捷的服务和让顾客享受更实惠的价格。

导致戴尔存货危机的是一次关于记忆体的采购。戴尔惯于追求任何一个可能获利成长的机会，为了能够符合这种需求量，戴尔公司必须尽快购买所有的零组件，而在所有零组件当中最重要的就是记忆体的采购。但当时的戴尔并不想只采购适量的记忆体，而是买进有可能买到的所有记忆体。这使得戴尔在市场达到最高峰的时候，其购进的记忆体远远超过了实际所需，而此后记忆体的价格大幅度下滑，几乎在一夜之间，记忆体的容量就从原来的256K提升到1MB，戴尔也因此在技术层面上陷入了进退两难的窘地。

一时间，戴尔这个一向以直接销售为主体的公司，也和那些采取间接模式销售的竞争对手一样，同样掉进了存货这个难题里。这是最糟糕的情况，在电子产业里，科技进步的速度之快，可以让你手上拥有的所有存货的价值在几天内就跌落谷底。正如业界所说的：存货的生命，如同菜架上的生菜一样短暂。为此，迈克尔颇辛酸地说道："当你还不是某个产业的领导者的时候，管理存货更是件辛苦的事情。"

当然，再大的困难也有解决的办法。最终，戴尔不得不以较低的价格摆脱存货，这大大影响了戴尔的发展，为了弥补这次损失，戴尔只能提高产品价格、减缓公司成长速度，以及暂缓成立新的分公司。于是，戴尔有史以来，第一次无法提供免费送货的上门服务。这次危机对戴尔而言绝对是一次重大的省思，让他们重新发现了存货管理的价值和重要性，这次危机也成为戴尔今后走向成功的一大基石。迈克尔·戴尔在这里学到了一个教训——库存流通不仅是企业致胜的策略，更是企业必要的措施，它不但有助于抵抗原料的快速贬值，而且也使现金的需求减少，降低了风险。更进一步来说，使戴尔因此更要求自己，必须学会预测市场发展趋势，并懂得运用预测的功能。

在库存危机不久以后，“奥林匹克”成为了第二个危机。“奥林匹克”的教训令戴尔感到困惑，戴尔一直引以为豪且追求的是顾客的回馈，而且一直都是以顾客意见，为努力方向的。当时戴尔打算推出的一些名字为“奥林匹克”的产品，用“奥林匹克”来命名，传达的是其庞大规模的含意，这是一些可以“一网打尽”的产品。产品线扩及桌上型电脑还有工作站和服务器，预计是能够从事所有工作的。戴尔对“奥林匹克”计划的野心是非常大的，这是戴尔第一次准备进行真正的而且大型发展的项目。这个计划在当时看上去很合理，原因是他以为能够在一些产品的市场上把戴尔的长处加以资本化，如果能够顺利地完成“奥林匹克”的计划，戴尔便能够创造出空前广泛的产品线，在产业版图上可以占得一席之地，并获得非常大幅度的成长。

但是顾客对此并不热衷，他们认为：“这一套系统在有些地方确实是令人耳目一新的，但是整个产品也并不是那样的吸引人，我不会购买。”但是迈克尔·戴尔当时却昏了头，他根本不愿意相信会出现这样的一种反应，并将原型机在1989年11月的Comdex年度贸易展当中展出。但是顾客的反应只是：“那又能怎样？我们并不需要这么多科技，但是还是要谢谢你们的。”

“奥林匹克”产品从技术层面上来说是绝对合理的，它有着可以称得上是伟大发明的概念，但是光这样是不够的。因此到最后戴尔还是取消了“奥林匹克”产品系列的上市计划，而且承认自己是真的犯了错误。他总结道：“以企图还有目的来说，我们确实跑过了头，我们做出的只是纯为科技因素来发展的科技，但是也不是以顾客需求为考量的科技。如果说我们秉持一贯的作风，事先征求一些顾客的意见，并且了解他们的需求，也就能够省下很多的时间还有事后的愤怒。”在这次危机中，戴尔得到两个特别有价值的教训，也就是：不管在哪一个产业，都一定要及早地找出潜在的问题，并且尽快修正；另一个则是，在发展的过程当中一定要尽早地让顾客参与，他们会是你们最棒的意见小组。不但要尽早地倾听他们的意见，并要仔细地听。适合戴尔公司的不是所谓的“霹雳式产品开发”，而是针对每条产品线进行逐渐地增强的改进，不应对某一项产品寄予最大期望，而是应把眼光放在顾客身上，针对他们真正的需求和意见而设计产品的。

“奥林匹克”失败最重要的经验是让戴尔重新修正研发的方向。“把危机当作机遇”，这句话到后来成为了戴尔事业发展的一个座右铭。

到了2000年，戴尔宣布“亚太区网络中心”开始正式启用，这个中心所瞄准的目标是电子商务。但当时，互联网及电子商务趋势正在全球遭到严重的质疑。在这种全球性的电子商务危机中，戴尔发现了机遇。

戴尔认为，电子商务在现代商业模式中的出现是一次“垦荒”，因此，就应该首先去开拓那些现代商业模式薄弱的地区，比如亚洲，比如中国大陆。在那个地方，是绝对没有像美国联邦快递那样成熟的经营模式，那些大型超市的服务与美国大型超市的服务是远远不能相提并论。电子商务也正是“直接模式”的一个延伸，所以说，把戴尔著称“直接模式”，这样肯定是在亚洲以及中国大陆有着更广泛的机会。迈克尔说：“如果你想与他们建立一个直接的关系，细心聆听，顾客们都非常善于表达，那么你在其中一定可以学到不少的东西。”

迈克尔的思路是最清晰的：想要建立一个真正整合的组织，那么你就必须直接从源头做起，也就是说要从顾客做起，而且还要充分地利用顾客资讯，创造一些高性能、高品质的产品以及服务与业务解决的方案。事实证明，戴尔的“中心”发挥了巨大的作用，使戴尔收获了可观的利益。

迈克尔·戴尔就是在不断解决危机中成长起来的，在成功者的字典里，是绝没有“绝望”一词的，因为他不会轻易地否定自己，只知道等待自己的终将是希望，即使许多事情似乎已经到了绝望的边缘，他们也会冒险拼搏一下，为自己挖掘生存的希望。只有在危机中成长起来的领导者在面临危机时才能处变不惊，冷静以对。

勇于面对危险，勇于承担责任

企业在竞争激烈的社会中难免遭遇各种危机，遭遇危机并不可怕，福特汽车公司曾亏损了15亿美元，通用公司则亏损过7．625亿美元，可口可乐也深陷过污染危机，其股票下跌了6%，营业额损失达6000万美元，波音公司也曾一度依靠生产家具、养奶牛来维持生计。但结果呢？他们都成功地走出了危机，仍然充满着生机。这都是因为他们的领导者能直面危机，正视危机，并在危机中找出生路。

美国超级食品王国亨氏食品公司也曾遭受过一次重大的危机，公司的总经理亨利·霍金士先生在一张食品化验鉴定报告单上偶然发现，公司的食品配方中起保鲜作用的添加剂竟然有毒，虽然毒性不大，但长期服用足以对身体产生危害。

这是足以将亨氏公司置之死地的一场企业危机，亨利·霍金士先生立即召集公司的高层管理人员进行商讨。讨论的结果并不乐观，他们认为如果悄悄地从配方中删除添加剂，就会影响食品的新鲜度；而如果将这件事公之于众，就必然会引起同行们的强烈反对甚至全社会的声讨，这对公司的发展绝对是个毁灭性的打击。公司发展到如今这个水平实在不容易，这样做实在太冒险了，可是如果现在不主动公开，一旦被其他人发现事情恐怕就难以收拾了，很可能引发一场更大的危机。权衡再三，亨利·霍金士先生毅然决定向社会公布：添加剂有毒，对身体有害，并承诺以后本公司的食品都不会再使用这种添加剂了。

亨氏公司的这一举动立即引起了整个业界的震动，大批企业用尽一切手段攻击亨氏公司，指责他们别有用心，打击别人抬高自己。亨氏公司在这种声讨和反对中几乎承受不了压力，面临着倒闭的危险。

但出人意料的是，亨氏公司这种勇于负责的态度，反而得到了政府和民众的支持，亨氏的产品也成为人们放心的畅销货，大众认为，亨氏公司是一个负责的公司。在民众的支持下，亨氏公司不仅在很短的时间里恢复到了以前的规模，更使公司的规模扩大了两倍。

波音公司也曾遭遇过类似与亨氏公司的企业危机，1988 年 4 月的一天，一架从旧金山起飞的波音 737 飞机在高空意外发生了爆炸，幸好经过驾驶人员的努力，飞机最后安全降落在附近的机场，机上乘客也无一伤亡。虽然这一事故没有造成太大的损失，公众的批评还是像潮水一样涌向波音公司，所有人都指责波音飞机是劣质货。

这起意外的事故使波音公司陷入了困境，也使波音的对手幸灾乐祸，他们认为这必然会给波音公司造成毁灭性的打击，正是壮大自己的良机。这种想法不无道理，空难对飞机声誉的影响是显而易见的。

波音公司并没有被这突如其来的危机吓倒，在事故发生后，他们立即召开了新闻发布会，对这次事故做出了合理的解释：空难的主要原因在于飞机过于陈旧，金属零件疲劳所致。由于该出事飞机服役了20余年，起落超过9万次，这一数字远远大于安全保险系数。但是在被爆炸掀开了6米的大洞后，飞机仍能安全地降落，乘客无一伤亡，这完全可以证明飞机质量的可靠性。在发布解释的同时，波音公司还慰问了在危机中受到惊吓的乘客。

正是波音公司勇敢地站出来面对危机而不是逃避的态度赢得了人们的尊重，在危机发生后，波音公司的订单不仅没有减少，反而有了很大的增加，仅当年5月份，就接到180架飞机的订单，是往年同季度的两倍，达到了70亿美元。

在危机来临时，领导者最聪明的做法就是勇敢面对危机，把责任承担起来，才能得到社会公众的理解和认可。否则，不敢面对危机，逃避和敷衍的做法则会滋生出更多恶果，反而会加重危机，让企业深陷危机的泥潭中无法自拔。

发散思维，及时变换角度寻找对策

领导者妥善处理危机，不仅要勇于面对，还要讲究方法，发散思维，灵活地处理危机，才能达到化解危机的良好效果。成功的领导者都善于灵活地处理危机，他们在危机面前永不言败，以灵活地策略和方法战胜了一个又一个危机。

在市场竞争中，企业难免遭遇不测，即使可口可乐这个全球最具价值的品牌，也难以逃脱危机。1999年6月，在比利时连续发生几起至少100多名中学生喝了可口可乐中毒的事件，主要症状是恶心、头痛和高烧，被送往医院治疗。比利时卫生部告诫民众不要饮用可口可乐及该公司的其他产品。同日，比利时政府宣布全面禁止可口可乐公司的所有产品在市场上销售，作为预防措施，卢森堡和荷兰随后也做出了禁止销售可口可乐的决定。与此同时，在法国北部也出现了 80 多人因喝了可口可乐饮料而中度中毒的症状，法国卫生和商业部门于 15 号晚决定从全国市场上撤出 500 万罐装及听装的可口饮料，并开始就中毒的原因进行深入调查。

在这波及了半个欧洲的中毒事件发生后，可口可乐公司立即着手调查中毒原因、中毒人数，同时部分收回某些产品，包括可口可乐、芬达和雪碧。一周后基本查清了中毒原因，比利时的可口可乐中毒事件是在安特卫普的工厂发现包装瓶内有二氧化碳，法国的中毒事件则是因为敦克尔克工厂的杀真菌剂洒在了储藏室的木托盘上造成的污染。

可口可乐起初并没有对这起事件引起重视，他们所得到的消息都是因为气味不好而引起的呕吐及其他不良反应，于是轻率地认为这对公众健康没有任何危险，因而没有启动任何危机管理方案。只是在可口可乐的网站上粘贴了一份相关报道，其中充斥着没人看得懂的专业词汇，也没有任何一个公司高层管理人员出面表示对此事及中毒者的关切。

可口可乐的这种傲慢态度引发了公众的不满，当时，比利时政府正因一起肉类、蛋类及其他日常生活用品中发现致癌物质的事件而遭受公众的批评，正在诚惶诚恐地急于向国民表明政府对食品安全问题非常重视。可口可乐这起污染事件正好撞在了枪口上，这引发了比利时政府的高度重视，他们期望通过处理这起事件表明政府的强硬立场，获取民众的支持。

在这种大背景下，比利时政府坚持要求可口可乐公司收回所有产品，而可口可乐公司拒绝收回全部产品，只同意收回部分产品。消费者认为可口可乐此举很没有人情味，开始拒买该公司的产品。直到此时，可口可乐公司才意识到此次事件的严重性。

6月17日，可口可乐公司首席执行官依维斯特专程从美国赶到比利时首都布鲁塞尔，举行记者招待会。当日，发布会现场的每个座位上都摆放着一瓶可口可乐。记者会上，依维斯特反复强调，可口可乐公司尽管出现了眼前的危机，仍然是世界上一流的公司，还要继续为消费者生产一流的饮料。但是在污染危机的影响下，绝大多数记者都没有饮用那瓶赠送与会人员的可乐。

6月18日，比利时的各家报纸上出现了由依维斯特签名的致消费者的公开信，在信中，他仔细解释了事故的原因，并做出承诺，今后不会再发生类似的事件，并提出要向比利时每户家庭赠送一瓶可乐，借此表达可口可乐公司的歉意。

与此同时，可口可乐公司宣布，将全部收回比利时国内同期上市的可乐，尽快宣布调查化验结果，说明事故的影响范围，并向消费者退赔。可口可乐公司还表示要为所有在此次事件中中毒的顾客报销医疗费用。可口可乐其他地区的机构，如中国公司，也相继宣布其产品与比利时事件无关，市场销售正常，从而稳定了比利时以外其他市场的人心，控制了危机向世界蔓延。

6月22日，可口可乐行政总裁艾华士直飞比利时接受专访，并公开向消费者道歉，他表示了可口可乐对于重塑消费者信心方面的举措，其第一个也是最直接的举措是总裁当场喝了一瓶可口可乐。

此外，可口可乐公司还设立了专门的危机处理专线电话，并在因特网上为比利时的消费者开设了专门网页，以供回答消费者提出的各种问题。比如，事故影响的范围，如何鉴别新出厂的可乐和受污染的可乐，如何获得退赔等等。在整个危机处理过程中，可口可乐公司都牢牢地控制住信息的发布源，防止危机信息的错误扩散，将品牌的损失降低到最低限度。

6月23日，比利时卫生部决定，从当月24日起取消对可口可乐的禁销令，准许可口可乐系列产品在比利时重新上市。不久，比利时的一些居民陆续收到了可口可乐公司的赠券，上面写着："我们非常高兴地通知您，可口可乐又重新回到了市场。"孩子们拿着可口可乐公司发给每个家庭的赠券，高兴地从商场里领回免费的可乐。商场里，也可以见到人们在一箱箱地购买可乐。

随着这一系列危机公关宣传的深入和扩展，可口可乐的形象也开始逐步地恢复。第一例中毒事故发生，到比利时政府发布的禁令，10天时间内，可口可乐公司的价格便下跌了6%。据初步估计，此次危机，可口可乐公司共收回了14亿瓶可乐，造成的直接经济损失高达6000多万美元。但是，比利时的一家报纸评价说，可口可乐公司虽然为此付出了代价，却赢得了消费者的信任。

在整个危机处理过程中，可口可乐公司始终以灵活的态度处理危机，通过召开新闻发布会，在报纸上公开道歉，并承诺杜绝类似事件，同时向危机中的受害者做出赔偿……可口可乐公司使用不同的处理方法，始终是为了一个目的——化解危机，重塑可口可乐的品牌形象，成功地使可口可乐公司度过了危机。

从可口可乐公司危机公关的例子中，可以给我们一些启发，领导者应该根据危机具体情况的不同，尽可能地发散思维，及时变换角度来寻找最恰当的危机处理方式。没有人喜欢出现危机，但是当危机已经不可避免的时候，最好的办法就是勇敢地面对，用灵活的办法减少危机的危害，而不是逃避危机，等待它自己消失。

将危机转化为商机

危机既是危险，又是机会，而危机管理则是“刀尖上的舞蹈”。企业危机既包含了可能导致失败的因素，同时也蕴藏着成功的种子。如果领导者能做好危机管理，不仅能成功化解危机，往往还可以化危机为商机，使公众通过领导者负责、有效的危机管理战役，对企业有更深的了解，更大的认同。

“危机背后是机遇”，很多企业就是在领导者的危机处理中绝处逢生的。强生处理泰诺药片中毒事件常常被视为企业危机公关的经典案例。

2001 年 2 月 8 日，一位纽约妇女因服用强生公司生产的泰诺胶囊死亡，后来经化验发现该泰诺胶囊中含有巨毒氰化物。几天后，另一瓶装有毒泰诺的胶囊在一个药店被发现，掀起了轩然大波。

强生公司在危机中迅速处理，按照危机公关管理计划将所有人员部署到位，保持所有信息渠道的畅通，注意各个方面的配合协调，及时将处理的进程与结果公布与众：公司发布了一个全国通告，声明禁用该药；所有的泰诺电视宣传被立即取消；立即开通消费者免费咨询热线；对已售出的泰诺胶囊实行无条件退换服务。公众的反应对此也颇为宽容，强生公司非但没像竞争对手设想的那样陷入灭顶之灾，反而由于有力的危机公关和诚实、坦率、负责的态度，进一步提升了公司在消费者心目中的形象。

在现代管理中，危机管理是企业为了应付突发的各种危机事件所做的有计划的专业处理系统，目的就是将危机的损失降到最低。往往企业总是希望寻找一个正确的危机管理的方法，事后的危机公关固然重要，但更重要的是事先的预防。

领导者要清楚，从企业的角度来看，无论是哪种危机管理的套路，企业要的是可持续增长，要的是利润，要的是发展。脱离企业管理的实际去空谈危机管理，什么危机意识、预警机制、媒体应对等等都是治标不治本的举措，难以实现科学地全面的危机管理。危机管理其实和企业的全面战略管理是分不开的，领导者至少要在三个层次上处理危机才能真正化解危机。

最低级的层次是正确地应对和处理危机。这是指当危机发生后，冷静思考，正确应对，解决危机。但是这只是一种尽可能减少损失的措施，而不能彻底避免企业的损失。

第二个层次是化解危机，就是把危机扼杀在摇篮之中，这需要领导者建立一个运行良好的日常工作的监督和反馈机制。任何危机都不是突然间产生的，都有一定的酝酿过程，如果领导者提前预测到危机，就可以事半功倍地化解危机。

最高的一个层次，则是利用危机，甚至制造危机，为我所用。通过危机带来的机遇，通过大胆、正确、有效的行动，达到出奇制胜的效果。威露士在非典期间以“家庭消毒专家”身份亮相，取得了销量、品牌双丰收，一举奠定了在重点城市的布局定位，这就是善于利用外部危机的典型案例。远程教育也利用非典期间得到了强劲的发展，成为当今的主流教育手段之一。

更高的高手，甚至可以做到设计危机，通过危机引诱竞争对手，静观其变，相机而动。某品牌食品一直宣称自己不含某种添加剂，其竞争对手曾突然发难，指责其产品被检测出含有该添加剂，引起了市场的轩然大波。该品牌，乘势申请第三方权威机构对所有同类产品进行检验，结果证明，该品牌的产品是同类产品中含有该种添加剂最少的，远远低于标准，一举奠定了市场中的优势地位。

因此，领导者要学会利用危机，使企业在危机过后树立更优秀的形象。

第十四章

谈判能力：领导者必须具备外交家的素质

谈判是现代社会合作与竞争的基本方式，领导者的谈判能力是一种智慧的表现，智谋的应用。谈判是一场没有硝烟的战争，领导者一定要提高自己的谈判能力，力争凭借自己的“铁齿铜牙”战胜对手。

制造良好的谈判气氛

给对手一点面子

善于利用对方的破绽

处理冲突有方法

应当防止的谈判错误

制造良好的谈判气氛

谈判能力是领导者所必不可少的一种素质，一个领导者，谈判是他不可推卸的重要工作，是现代社会合作与竞争的一种基本方式。领导者的谈判能力是一种智慧的表现，也是智谋的应用，领导者要想在这场没有硝烟的斗争中获胜，就一定要注意提高自己的谈判能力。

制造良好的谈判气氛，这是领导者谈判能力的第一个体现。理想的谈判气氛应该是严肃、认真、紧张又活泼的，谈判气氛实质上就是谈判对手之间的相互态度，能够影响谈判人员的心理、情绪和感觉，进而影响谈判结果。

领导者应当清楚，积极友好的气氛对获得理想的谈判有着很大的帮助，一个有着良好氛围的谈判，会使谈判双方感到轻松自然，信心百倍，也利于其达成合意，获得理想的谈判结果，实现谈判目的。

因此，制造良好的谈判气氛是领导者的重要责任，你可以从以下四个方面入手：

（1）建立良好的第一印象

这对于谈判气氛的走向具有决定性的影响。

①通过恰到好处的寒暄来塑造良好的印象

谈谈大家都感兴趣的话题；

点到为止地谈点私人问题；

和熟识的对方开个玩笑。

②自然得体的举止有利于建立良好的第一印象

双眼全神贯注地注视对方，表示你对他的尊重；

通过恰当的手势或身体语言来和对方交流；

全身放松，动作自然得体。

③自信镇定，不要显得惊慌失措

谈判开始时要放松精神，可以更自如地应对谈判中出现的可能情况；

预先做好充分的准备；

在谈判的过程中保持自信；

尽快入题。

④使用合适的谈判语言

谈判中切忌滔滔不绝，这样会给人慌张的感觉；

语速适中，不紧不慢；

在谈话时察言观色，从对方的言谈举止间捕捉信息。

（2）诙谐幽默

谈判之初形成的良好气氛并不是一成不变的，会随着谈判的深入而改变。本来轻松和谐的气氛也可能因为谈判双方对实质性问题的争执而突然变得紧张起来，使谈判跨入破裂的边缘。此时，领导者就有责任使气氛重新缓和下来，这时，诙谐幽默的语言就是最有力的武器。

卡普尔在任美国电报电话公司负责人时，在一次董事会上，诸位董事对他的领导方式提出质疑和责问，会议充满了紧张的气氛。

一位女董事发难道："公司去年一共支出了多少福利？"

"九百万。"

"噢，你疯了，我真受不了！我要发昏了！"

听到如此尖刻的发难，卡普尔只是轻松地回答了一句："我看那样倒好！"会场里意外地爆发出一阵难得的笑声，连那位女董事也忍俊不禁。紧张的气氛也随之缓和了下来。

（3）投其所好的引诱法

这是利用谈判对方的喜好制造谈判气氛的有效方式，日本人就是这方面的高手，美国谈判专家荷伯·科恩在其《人生与推销》一书中曾详细描述了一次他与日本商人的谈判，这能给我们很大启发。

荷伯先生的上司决定派他到日本去谈笔生意。他很高兴，认为这是展现自己才华的一次好机会。一周之后，荷伯先生便乘上飞往日本东京的飞机，参加为期 14 天的谈判。他随身携带了许多关于日本人精神和心理的书籍，认为自己一定能成功。

飞机抵达东京后，有两个日本人迎接荷伯先生，向他客气地躬身行礼，他很喜欢这样。然后他们带他通过海关，坐上一辆大型豪华卧车。他舒服地倚在绵绒座背上，他们则笔直地坐在两张折叠椅上。荷伯先生大大咧咧地说："你们为什么不跟我一样呢，后面有的是地方。"

"噢，您是重要人物，您需要休息。"两个日本人毕恭毕敬地回答，他很满意。

在汽车的行驶途中，一个日本人问道："请问您懂日语吗？"

"不懂，不过我打算学几句，我还带来了字典。"

另外一个日本人又问："您是否关心您返回去的乘机时间？我可以安排车子去送您。"

“这多能体谅人啊！”荷伯先生心里想着，便从口袋里掏出返程机票给他们看，以便让对方知道什么时候送他回机场。

以后的日子，他们没有立即开始谈判，而是先带着荷伯先生领略了一下日本的文化，他们的旅游花了整整一周时间。每当荷伯先生要求谈判时，他们就说：有的是时间，有的是时间。每晚有 4 个小时，他们就让他坐在硬木板铺上进行晚餐和欣赏文艺。

到了行程的第 12 天，谈判总算开始了，但又提前结束了，以便可以打高尔夫球。第 13 天谈判又重新开始了，但是又提前结束了，因为要举行告别宴会。最后的一天，终于恢复了认真的谈判。正当要深入到问题的核心时，有车来接荷伯先生去机场。于是所有人都挤入车里，继续着谈判条款。当汽车抵达机场时，他们终于达成了协议。

可想而知，荷伯·科恩的谈判以惨败告终，日本人通过“投其所好”把整个谈判过程都牢牢掌握在自己手里，控制了谈判的气氛和整体走向，最终达成了理想的结果。

领导者也一样，应该学会一点如何制造谈判气氛，控制谈判走向的技巧，这是让你在谈判桌上无往不利的有力武器。

给对手一点面子

保全谈判对手的面子是所有谈判者都应该注意的重要问题。往往在谈判中，对方执意不肯放弃自己的立场，不是因为建议不可接受，而是因为这份建议伤了自己的面子，从而不想输给对方。其实，如果领导者在谈判时注意保全对方的面子，给足他们面子，往往就能取得意想不到的结果。

面子在中国人的交往中非常重要，在谈判中也有着不可忽视的作用。俗话说得好：“树的皮，人的脸。”保全面子对每个人来说就是对其自身价值的一种证实和肯定，如果面子受到威胁时，人们往往会变得不够友善，有些人会反击，有些人则会避开，有些人则变得冷漠，甚至发怒。实验证明，一旦他们有机会报复那些伤害了他们面子的人，他就会不惜任何代价去打击他们。

因此，在谈判中，领导者就必须注意保全对手的面子，这是十分重要的，但遗憾的是很少有人能想到这一点。很多谈判者总是以践踏对方的自尊为乐，又自以为是，这样，等待他的结果必然就是失败。

领导者学会保全谈判对手的面子这直接关系到你是否能在谈判中获得理想的结果，关系到是否能在今后的交往中得到更多的信任与帮助。因此，保全对方的面子，适时放弃自己的面子成全对方的面子，在谈判中是十分重要的。

当领导者的主张受到对方质疑时，领导者要通过刺探他的实情来缓和这种质疑。请记住，这种刺探不应是在个人这一层级上的，而是应该对准对手手中的业务不是对手的权限。否则，谈判就会陷入僵局。

你可以这样表达：

①根据你的假设，我已知道了你的结论，但你考虑过没有……？

②还有些资料你手头上可能没有。

③让我们这样来看一下。

④我们观点相差不大，但是……

⑤我想你的生产人员已把你引向了一个错误的方向。

⑥可能还有其他原因我还不知道。

⑦它肯定会有多种解释，但我相信……

为了最大限度地减少对方对你所产生的敌意，有一种有效的方法就是可以把错误和分歧归咎于第三方，如会计、律师或者其他不再属于公司的人；另一种办法是把差异归咎于政策、程序或者数据处理系统。这样即使问题出现在对方身上，也可以帮他们保全面子。

领导者要记住，千万不能让对方下不来台，无论你的主张多么正确也不要伤害他人，尤其是要在任何时候都给对方留一条保全面子的出路。不仅不能伤害对方的面子，还要尽可能往对方面子上贴金，这才是达成理想谈判结果的正途。

（1）不要故意与人为难

领导者绝对不要故意难为别人，对对方的观点要听全后再做出说明，不能听了对方一点点陈述发现与自己的意见相左，就立刻提出异议。这样做的结果只能是让双方的误会加深，对达成谈判结果没有一点助益。

因此，在这种场合下，在对方全部讲完之前一定要预先说明哪些方面自己是完全同意的，然后又有哪几个方面自己是不同意的。双方只有在求同存异的基础上才能将谈判继续下去，才能得到理想的结果。

（2）不要揭人短处

金无足赤，人无完人。人有短处是一点也不奇怪的。用不同的方式对待别人的短处，所产生的效果也是截然不同的。因此，在谈判中就要避免谈及对方的短处，这样才容易与其建立起感情，形成融洽的谈判气氛；否则，你就会刺伤对方的自尊心，伤害了他的面子，不利于谈判结果的达成。

（3）不要用质问的口气

质问或许能让你在谈判中占得一时的上风，但当对方为你的质问所窘迫时，虽然在形式上他已趋失败，但这会让他心怀恨意，也就不会让你舒舒服服地取得胜利。因此，领导者要在谈判中留有余地，以防向前猛冲时，因受不住而摔到，最终伤到自己。

只有你给对方面子，对方才会给你面子，只有这样，谈判的目的才会实现，这样的道理，谈判者理应知晓。

善于利用对方的破绽

利用对方的破绽获得谈判的胜利是领导者应该学会的一个谈判技巧，针对对方的破绽进行重点攻击，使对方无力招架，这是确保谈判胜利的有力武器。

已故的前美国总统肯尼迪就十分擅长运用这一招数赢得谈判，他在前往维也纳和前苏联领导赫鲁晓夫进行高峰会谈之前，收集了对方所有的演说辞、发表过的一切谈话，甚至对对方的餐饮习惯和喜爱的音乐也了如指掌，目的就是要通过这些了解赫鲁晓夫并找出他的弱点，他可能出现的破绽，以便在谈判时予以利用，直捣黄龙，一举取胜。后来的事实证明，这是一种十分成功的策略。

(1) 领导者可以通过收集资料来获知对方的破绽，因为一个人的个性影响着他在谈判中的表现，所谓“性格决定命运”，对于好大喜功的谈判者，如果多奉承、褒奖，就会使他飘飘然，这时对方就容易接受你的要求；对于一个优柔寡断、多愁善感的谈判者，如果放低姿态，使对方产生怜悯之心，往往就能达成目的；如果对方喜欢贪小便宜，就让他在无关紧要之处多尝一点甜头，这样在重要关头他就会对你的要求让步……这些只有通过收集对方的资料，了解对方的性格特点获得。

（2）领导者可以利用一些机会来实现谈判的目的，比如卖方因投资过大，周转出现了问题，急于将货物脱手获得现金这一情况，领导者就可以善加利用，利用对方的急切心理获得有利的折扣，或是夸大商品的缺点来压价。

（3）管理者可以通过疏导情感的“怀柔”手段来取得谈判的胜利，领导者可以通过略施小惠，兼顾情理、顺水推舟，不强行说服等手段，通过与对方分享利益，促进合作的方式来推动谈判，往往也能取得较好的效果。

总之，领导者应凭借自己的聪明才智，在谈判现场发现对手的破绽，并攻击这些破绽，圆满地解决问题。可以说，所有的谈判高手都是临场反应的大师，这直接关系到谈判的成败和效果。

因此，在谈判桌上，领导者一定要注意以下七个问题：

①切忌马虎随意

在谈判开始时不要迟到；

在谈判前就做好准备，不要仓促上阵；

谈判有较强的纪律性，领导者说话必须小心谨慎，简单明了。

②谈判中不要急躁不安

谈判需要的是耐心，急躁或指责对方都是行不通的。

③切忌目光游移不定

谈判时与对方的眼神接触是十分重要的，这能引起对方注意，显示自己的诚意，并在谈判双方之间形成一种微妙且有积极作用的联系。

④不要中途更换谈判人员

中途换人，会导致谈判缺乏连续性并显得谈判者没有诚意。

⑤不要随便做出让步

尤其在谈判之初，最忌讳随意做出让步，这会将你的底牌暴露在对手面前。

⑥不要透露过多的信息

谈判桌就是一个看不见刀枪的战场，因此领导者千万不要忘了谈判的基本原则：信息就是金钱。不要随意向对手透露自己的信息，否则他知道的越多，他就越有利。领导者要做的就是尽可能从对方的嘴中得到更多的信息。

⑦切忌暴露最后期限

在谈判桌上，觉得对方的时间充裕而自己的时间有限，是会在心理上使谈判者处于劣势的。因此，领导者要保持冷静，如果有可能，就不去管什么最后期限。

处理冲突有方法

冲突指的是谈判中双方因立场、观点、利益不同而发生的比较激烈的争执。领导者必须掌握化解冲突的办法，因为冲突是所有谈判不可避免的，没有冲突也就没有谈判，而只有化解冲突才能使谈判顺利完成，才能使目的达成。通常来说，化解冲突主要有 5 种方法。

（1）退却与回避

这种策略需要冲突的双方对冲突置之不理，最后使冲突不了了之。奉行这一策略的谈判者往往会不惜一切代价保持中立态度。他们认为，冲突不过是一种毫无价值的惩罚行为，他们努力在谈判发生冲突时置身

事外，不闻不问，对卷入冲突的人员和相关工作漠不关心，一心只想远离冲突的旋涡。

一般来说，在发生以下几种情况时，这种策略应是领导者的首选：

①冲突起因是琐碎事；

②冲突各方缺乏双赢协商技巧；

③冲突在带来的潜在利害中得不偿失；

④没有足够时间解决冲突。

退却与回避的不足之处在于只能暂缓人们直接的面对面冲突，而不能彻底解决冲突。

（2）安抚与迁就

执行这一策略的谈判者致力于平息或淡化冲突，他们认为公开的冲突具有破坏性。因此，为了维持和平，必要时甚至可以屈从别人的意愿。

这种策略适用于谈判出现下列情形：

①不及痛痒的问题；

②关系的损害会伤及冲突各方的利益；

③有必要暂且缓冲冲突以便取得更多信息；

④冲突双方情绪太过激动；

⑤根本不可能取得进展。

这种策略的缺陷就在于，它只是一时的权益之计，不能解决根本问题。

（3）妥协与忍让

持这种策略的人认为，每个人都应有平等的发表意见的机会，他们致力于找出所有人都能够接受的一种方案，他们倡导公平，最喜欢利用投票的方式来避免冲突。在他们眼中，重要的不是高质量的解决方案，而是人人都能接受的方案。

适用这种策略的情景主要有如下几种：

①如果妥协能使双方都获益；

②无须理想的解决方案；

③只想为复杂的问题找个暂时的解决方案；

④双方力量旗鼓相当。

这种策略的缺陷就在于使谈判双方都有损失，很难通过妥协来达成最佳的解决方案。

（4）硬逼与决战

推崇这种解决冲突策略的人认为，采取强硬的手段争取自己想要的东西是天经地义，在他们看来，冲突就是要一决胜负，就是要让对手输给自己。除非有强于他们的力量使他们屈服，否则他们不会接受折中的方案。

这种化解冲突的策略适合以下情形：

①需要迅速行动和当机立断；

②冲突各方都强调实力和强硬；

③冲突双方均认可强权关系。

采用这一策略的弊端就在于不能解决冲突的真正起因，所以由此得出的任何解决方案都只能是暂时的，同时，获胜者还要顾忌对方的报复。

（5）解难与协作

信奉这种做法的谈判者认为，只要将冲突开诚布公并予以及时处理，冲突就不会造成什么恶果，甚至冲突本身也是一件好事。他们致力于寻求谈判双方的共识，并通过开诚布公的沟通来解决问题。

这种策略适用于以下两种情景：

①卷入冲突的每个人都受过解决问题的技巧培训；

②冲突双方缺乏交流或仅仅是因为有误解。

这种策略的缺点是，无法调和价值观或目标各异的人。此外，这还是一种耗时耗力的化解冲突的方式。

当冲突进一步激化，就可能使谈判陷入僵局。这是一种对峙且毫无进展的局面，显然是不符合谈判双方的利益的，也是双方都不愿意看到的。因此，领导者要努力打破僵局，使谈判重新焕发生机。

首先，领导者必须有足够的耐性，这是等待对方提出新方案的必然。在这一点上，日本人在谈判中表现出来的持久性耐力就是举世闻名的。但是在急需尽快打破僵局时，消极等待便不是上策。

其次，适当做出一定的让步。但是这种方法有一定的消极作用，会使谈判朝着不利于自己的方向转化。因为，妥协、让步会暴露谈判者急于求成的心理，对方往往利用这种心理，谋求更多的利益。

再次，转变谈判的主题。这或许是一个较好的打破僵局的办法，往往当谈判陷入僵局后，谈判双方都在等待对方首先做出让步，以便乘虚而入。但是如果双方都不肯妥协让步，只会让僵局继续下去，于是，谈判双方都探求找到一种能恰当的方式来打破僵局。

此时，如果领导者主动转变谈判的主题，就可以从侧面传达出希望双方共同努力打破僵局的意愿，加入对方有谈判的诚意，一般就会做出相应的反应。这样，僵局自然就打破了，谈判就能进行下去了。

下面是一些有助于打破谈判僵局的具体措施：

①更换谈判人员；

②推延谈判的日期；

③找第三方调解；

④向对方多提供几个方案，给其更多的选择余地；

⑤适当的修改一下谈判条件。

应当防止的谈判错误

在谈判过程中难免出现各种错误，领导者在培养自己的谈判能力的过程中就要对这些谈判中的常见错误提起十二万分的警惕，防止自己在真正的谈判中出现这些错误，让谈判对手抓住把柄，从而使自己陷入被动。

从大方面讲，谈判主要有以下几类错误需要领导者注意：

(1) 让步的错误

错误的让步代价十分高昂，领导者要尽量避免。为了避免出现这类的错误，领导者可以从下面几方面做起。

①不要让最初的要求太接近目标；

②不要假设清楚对手的目的；

③不要假定已经能完全掌握情况；

④不要轻易接受对手最初的条件；

⑤不可在未获回报的情况下率先做出让步；

⑥不要相信对手不能退让的借口，没有什么是不能协商的；

⑦不要率先在重要议题上做出退让；

⑧不适当的让步非但无法让谈判双方达成协议，还可能扩大彼此的嫌隙；

⑨在对方做出让步时，接受而不必因此不好意思或有罪恶感；

⑩不要忘记自己做过的让步；

⑪不要随便做出让步，否则，很容易让谈判陷入僵局；

⑫不要以太清楚的信号泄露自己的让步计划；

⑬在决定让步接受对方的要求时，也要坚持在对方降低要求后再做退让；

⑭在不了解对方所有企图之前，不要做出任何让步；

（2）危机和结束的错误

谈判结束前是一个容易犯错误的时间，这时往往因为事情突然、无暇思索、处在高压之下而犯下各种错误。而且，一般在谈判结束了之后，才能发现自己犯了错误。因此，领导者一定要注意在这种时刻可能出现的种种错误。

①千万不可让谈判因为一个议题的僵持就无法继续；

②不要被对方提出的“最后底线”吓倒；

③谈判停滞对双方都是件不愉快的事，而不仅仅只有自己；

④敢于承认在即将达成的协议中，明显犯下的某些错误；

⑤慎重提出“最后底线”，并事先设定条件不被接受时的做法；

⑥事前做好万全准备，防范对手采取“威胁”或“延宕谈判”的策略；

⑦不要让“期限”成为阻碍谈判的决定性因素；

⑧公平、合理并非最后协议的必要条件；

⑨敢于以改变付款时限的方式突破谈判僵局；

（3）其他的错误

在谈判中还有如下一些常规性的错误，领导者一定要予以注意。

①对双方都有利的协议并不是难以达成的，只要双方都有诚意；

②不要低估自己的力量；

③不要认为谈判对手知道你的弱点，事实上很多时候他们都不知道；

④不管你和谈判对手的差异多大，都不必存畏惧心理；

⑤不要被对方的身份吓倒，专家也并不是什么都懂，尤其是大老板不见得对问题的了解就更深入；

⑥不要指派“二流”队伍接待谈判对手；

⑦不要被统计数字、程序、原则或规定吓倒，要对一切抱着怀疑的态度，并提出质疑；

⑧不要被对手疯狂的行为吓倒，如果谈判对手的行为蛮横、不讲道理，就要立即站出来严正抗议；

⑨不要假定对手知道他能从这笔交易中得到多少；

⑩假如谈判停滞不前，不要过分强调自己的问题或遭受的损失，而是应该把重点放在对谈判对手的分析上，才能把握致胜契机；

所谓“当局者迷，旁观者清”，很多谈判者总是在事后数落自己所犯的错误，却在犯错时不自觉。领导者提高理论固然对谈判有所帮助，但如果不讲理论用于实践就无法显示理论的巨大作用。因此，领导者在每一次谈判后都要总结经验教训，避免再犯类似的问题。